AI와 함께 살기

알고리즘 시대를 건너는 가장 다정한 안내서

차례
Contents

인공지능(AI: Artificial Intelligence)의 기술은 상상을 넘어서는 속도로 변하고 있다. 매년 새로운 모델이 등장하고 어제의 혁신이 오늘의 일상이 된다. 그러나 아무리 기술이 빠르게 진화하더라도 변하지 않는 가치가 있다. 그것은 인간이 만든 기술 속에 담긴 사고의 원리와 사회적 의미 그리고 우리가 그 변화 속에서 어떤 방향으로 나아가야 하는지를 함께 성찰하는 것이다.

이 책은 단순히 최신 AI 기술을 소개하려는 목적이 아니다. 'AI를 이해한다'는 것은 기술을 배우는 것이 아니라 인간과 기술의 관계를 재정의하는 일이다. 우리는 이미 스마트폰, 자율주행, 챗봇을 통해 AI와 공존하고 있지만, 그 기술의 본질을 아는 사람은 많지 않다. 'AI가 무엇을 할 수 있는가'보다 'AI를 통해 인간이 무엇을 할 수 있는가'를 묻는 것이 더 중요하다.

이 책은 독자에게 AI 생태계를 전체적으로 조망할 수 있는 지도를 제공하고자 한다. 지각형, 생성형, 에이전트, 피지컬 AI라는 네 가지 축을 통해 AI가 어떻게 세상을 인식하고 사고하며 행동하는지 설명한다. 독자는 이를 통해 AI가 단순한 기술이 아니라 하나의 지능적 생태계로 진화하고 있음을 이해하게 될 것이다.

기술은 끊임없이 변하지만, 그것이 추구하는 원리와 가치는 변하지 않는다. AI 시대를 살아가는 우리 모두에게 필요한 것은 '새로운 기술'보다 기술의 원리를 바탕으로 '배움을 멈추지 않는 태도'이다. 궁극적으로 이 여정을 함께 걷기 위한 안내서가 되기를 바란다.

1. AI의 역사: 시작과 발전 과정

AI는 인류 역사상 가장 혁신적이고 혁명적인 기술 중 하나로, 그 시작은 인간의 끊임없는 호기심과 창조적 상상력에서 비롯되었다. 인간처럼 사고하는 기계를 만들고자 하는 꿈에서 출발한 AI는 컴퓨터와 알고리즘의 발전이 이어지며 점차 현실이 되기 시작하였다. 이제 AI는 더 이상 SF 영화 속 상상의 존재가 아니다. 스마트폰의 음성 인식, 추천 시스템, 자율주행 기술까지 우리는 이미 AI와 함께 살아가고 있다. 단순 반복 작업을 자동화하는 단계를 넘어 창의적인 영역에까지 도전하며 인간의 지적 능력과 협력하는 새로운 시대를 열어가고 있다.

무의식 중에 우리 곁에 있는 AI, 일상에 스며든 AI를 제대로 이해하려면 먼저 '무엇이 AI인가'를 구별하는 눈이 출발선이다. AI는 기능과 목적에 따라 네 가지로 분류한다. 인간의 감각을 대신해 세상을 인식하는 지각형, 언어와 이미지를 생성하며 창작의 영역을 확장하는 생성형, 스스로 목표를 설정하고 행동을 결정하는 에이전트, 그리고 현실의 세계에서 직접 움직이며 현실과 상호작용하는 피지컬 AI다. 이 네 가지는 AI가 어떻게 세상을 보고 이해하고 실행하며 현실에 개입하는지를 보여주는 서로 다른 창이다. 이들은 서로 다른 기능과 목표를 지닌 AI의 주요 유형으로 현대 AI 기술의 발전 방향과 적용 범위를 이해하는 데 중요한 개념들이다. 3장에서는 이 네 축을 중심으로 AI의 작동 방식과 진화의 방향을 구체적으로 살펴본다.

네 가지 AI 유형은 서로 독립적이라기보다는 상호 보완적이다. 하나로 융합된 형태로 발전하면서 더 복잡한 문제를 해결하고 더 인간에 가까운 역할을 수행하도록 발전하고 있다. 자율주행차는 지각형(도로 인식), 에이전트(주행 계획), 피지컬 AI(차체 제어)를 통합적으로 활용한다. 생성형 AI는 이러한 시스템의 안내 음성과 사용자 인터페이스 생성 등에서 활용하고 있다.

AI는 궁극적으로는 범용 AI (AGI: Artificial General Intelligence)라는 큰 지평을 향한다. AGI는 지각, 창조, 실행,

4가지 AI 유형

지각형 AI	생성형 AI
세상을 인식	새로운 콘텐츠 생성
(음성인식, 문자인식, 지문인식 등)	(챗 GPT, SORA, SUNO, Midjourney 등)
에이전트 AI	피지컬 AI
생성 + 계획 + 실행	실제 현실 세계에서 작동
(구글 어시스턴트, 시리, 카카오 상담톡 등)	(로봇 청소기, 자율주행차, 생산 로봇 등)

행동의 능력을 각각 독립적으로 수행하는 것이 아니라 하나로 묶여 통합적인 인간처럼 다양한 맥락에서 지능을 발휘하는 존재를 뜻한다. 이는 특정 과제에서만 뛰어난 좁은 AI(Artificial Narrow Inteligence)와 달리 전혀 새로운 문제에 직면했을 때도 학습하고 적응할 수 있는 유연성을 가진다. 지금의 AI 조각들이 모여 '지능 일반'의 형태로 통합되는 것이 AGI의 방향성이다. AI는 어디까지 인간을 닮을 수 있을까? 그리고 우리는 AI와 어떤 미래를 함께 만들어갈 것인가? 이 여정은 이제부터 시작이다.

AI의 탄생 - 기계가 생각하다, 여정의 시작

　AI는 단순한 기술 혁신이 아니라 인간의 사고를 모방하는 기계의 가능성을 탐구하는 오랜 여정의 산물이다. AI의 첫 걸음은 '기계가 생각할 수 있을까?'라는 물음에서 시작되었다. 생각하는 기계의 탄생은 단순히 기술 발전을 넘어, 인간의 지식과 지능을 확장하고 새로운 가능성으로 이끌어가는 여정의 시작점이다.

　생각하는 기계의 개념은 20세기 중반 앨런 튜링(Alan Turing)의 연구에서 시작되었다. 그는 "기계가 생각할 수 있는가?"라는 질문을 던지며 기계가 인간처럼 논리적 사고와 문제 해결을 수행할 수 있는지를 탐구했다. 1950년 튜링은 「컴퓨팅 기계와 지능(Computing Machinery and Intelligence)」이라는 논문에서 '튜링 테스트'를 제시하였다. 이는 기계가 언어적 대화에서 인간과 구별되지 않는다면, 그 기계를 '생각한다'고 간주할 수 있다는 제안이었다. 튜링의 발상은 단순히 기술적 제안에 그치지 않고, '생각'의 본질이 무엇인가에 대한 철학적 논쟁을 불러일으켰다. 그러나 언어적 모방 능력만으로 사고의 전부를 정의할 수 없다는 비판도 뒤따랐다. 인간의 사고는 언어 외에도 지각, 직관, 감정 같은 복합적 과정이 포함되기 때문이다.

1956년, 존 매카시(John McCarthy), 마빈 민스키(Marvin Minsky), 클로드 섀넌(Claude Shannon) 등이 주도한 다트머스 회의(Dartmouth Conference)에서 처음으로 'AI(Artificial Intelligence)'라는 용어가 사용되며 본격적인 학문적 연구가 출발했다. 이 시기의 연구자들은 인간의 학습과 문제 해결 방식을 모방하는 프로그램을 설계하고자 했다. 이때부터 '기계가 생각한다'는 문제는 철학적 사유를 넘어 구체적 과학 탐구의 영역으로 들어왔다.

1960~80년대의 AI는 논리적 추론과 기호 처리(Symbolic AI), 즉 규칙 기반 시스템을 중심으로 발전했다. 전문가들의 지식을 논리 규칙으로 전환해 컴퓨터에 입력하고, 컴퓨터는 이를 기반으로 문제를 해결하는 전문가 시스템이 대표적 성과였다. 체스 프로그램 역시 이 시기에 눈에 띄었는데, 특히 1997년 IBM의 딥 블루(Deep Blue)가 세계 챔피언 가리 카스파로프를 이긴 사건은 AI가 인간의 지적 영역에 도전할 수 있음을 대중적으로 각인시켰다. 그러나 규칙 기반 AI는 복잡한 현실 문제를 다루는 데 치명적인 한계를 드러냈다. 예외 상황에 대한 처리가 어렵고 새로운 지식을 스스로 학습하기 힘들었다. 이런 한계와 함께 컴퓨터의 연산 능력과 관련 데이터 부족까지 겹치면서 1970년대 후반과 1980년대 말에는 더 이상 AI의 괄목할 만한 성과를 찾아볼 수 없는 두 차례의

'AI 겨울'이 찾아오기도 했다.

이후 2010년대에 들어서면서 '심층 학습(deep learning)'이라는 새로운 패러다임이 AI를 다시 비약적으로 발전시켰다. 심층 학습은 인간 뇌의 신경망에서 착안한 인공 신경망을 다층적으로 쌓아, 방대한 데이터를 학습하고 복잡한 패턴을 인식하는 기술이다. 실제 뇌와 구조적으로 다르지만, 데이터와 컴퓨팅 능력의 폭발적 증가 덕분에 성능이 획기적으로 향상되었다. 이미지 인식, 음성 인식, 번역, 자연어 처리 등에서 심층 학습은 기존 방식으로는 불가능했던 수준의 결과를 보여주었고, 2016년 알파고(AlphaGo)가 바둑 세계 챔피언 이세돌을 꺾은 사건은 AI가 인간의 직관적 영역까지 넘볼 수 있다는 상징적 사건으로 기록되었다.

그리고 2020년대에 들어 등장한 생성형 AI는 '생각하는 기계' 논쟁을 다시금 불러일으켰다. GPT 시리즈와 같은 거대 언어 모델은 방대한 텍스트 데이터를 학습하여 인간과 유사한 문장을 생성하고, 복잡한 질문에 대한 답변을 제시하며, 심지어 창의적 글쓰기까지 수행한다. 이는 마치 기계가 사고하는 듯한 인상을 주었지만, 실제로는 통계적 예측을 바탕으로 한 결과라는 점에서 여전히 논쟁적이다. 과학자들은 기계가 '진정한 의미에서 생각한다'고 말하기는 이르다고 보지만, 사회와 문화 차원에서는 이미 'AI가 인간과 얼마나 유사하게 사고할 수 있는가'라는 질문이 다시 중심으로 떠오르고 있다.

이러한 발전은 기계가 단순히 데이터를 처리하는 것을 넘어 스스로 '생각'하고 '창작'하는 단계에 도달한 것처럼 보이게 한다. 하지만 생성형 AI는 데이터에 의존하며 새로운 상황에 대한 일반화 능력이 부족하다는 한계를 가지고 있다. 여전히 많은 철학자와 과학자들은 기계의 '생각'에 대해 회의적인 시각을 가지고 있다. 그들은 기계가 아무리 인간과 유사한 행동을 보이더라도 그것은 단지 방대한 데이터를 기반으로 한 모방일 뿐 진정한 의미의 '생각'과는 다르다고 주장한다.

지금까지 AI는 특정 영역에서 놀라운 성취를 보여주었지만 이는 어디까지나 '생각의 한 조각'에 불과하다. 각각의 기능은 인간 사고의 일부를 흉내 낼 뿐 그것이 통합되어 하나의 '주체적 사고'로 작동하지는 않는다. AGI(Artificial General Intelligence)는 이 분절된 기능들을 하나로 모으려는 시도이다. 인간처럼 세상을 인식하고, 언어로 해석하며, 맥락을 이해해 스스로 판단하고, 필요하다면 몸을 움직이는 방향으로 나아가고 있다. 그런 점에서 AGI라는 개념은 '생각하는 기계'라는 오래된 질문에 가장 가까이 다가선 형태라 할 수 있다. AGI가 이런 차원까지 담아낼 수 있을지는 아직 미지수다. 기술의 성취라기보다, 우리가 기계에게 기대했던 최초의 호기심을 다시금 성찰하게 하는 거울에 가깝다고 할 수 있다.

　AGI는 원리적으로 실현 가능한 범주의 기술로 여겨진다. 하지만 정의와 기준에 대한 합의가 없고 기술·자원·안전 과제가 남아 있어 시점과 난이도에 대한 전망은 크게 엇갈린다. 일부는 수년 내 실현을 전망하는 반면, 다수는 2026~2030년 전후 또는 그 이후를 거론하며 신중론을 유지하고 있다.

　오픈AI CEO 샘 올트먼, 메타 CEO 마크 저커버그, 소프트뱅크 손정의 회장, 그리고 일론 머스크 등이 AGI를 긍정적으로 전망하는 대표적인 인물들이다. 샘 올트먼은 AGI가 인류 전체에 이익이 되도록 만드는 것이 사명이라며, AGI가 경제, 사회, 윤리에 긍정적인 변화를 가져올 것으로 본다. 그는 2025년 2월 9일 〈3가지 관찰〉이라는 제목으로 자신의 블로그에 글을 올렸다. 이 글에서 "사람과 맞먹는 수준의 AGI가 10년 이내에 등장할 것이다."라고 예측하였다. 올트먼은 'AGI는 인간과 같은 수준에서 다양한 분야의 복잡한 문제를 해결할 수 있는 시스템'이라고 정의하였다. 마크 저커버그도 AGI를 만들어야 할 필요성을 강조하며 AGI에 대한 강한 의

지를 보이고 있다. 손정의 회장은 AGI가 인류 지혜 총합의 10배에 달하며 모든 산업에 영향을 줄 것이라 보면서 AGI 개발에 큰 기대를 표현했다. 일론 머스크는 인간을 능가하는 AGI가 곧 나올 것으로 내다보면서 이 기술의 가능성에 주목한다. 기술이 인간의 능력을 크게 확장하고 사회에 긍정적인 영향을 줄 수 있다고 평가히며 이를 통해 새로운 일자리와 사회 구조가 만들어질 것이라고 본다.

반면 AGI에 관한 비관적인 연구나 전망도 있다. 2025년 3월 국제AI학회(AAAI)는 「AI 연구의 미래(Future of AI Research)」라는 보고서를 발표하였다. 이 보고서의 연구자들은 인간 수준의 추론 능력 달성에 대해서 신중한 입장을 보였다. 설문조사에서 AI 연구자 475명 중 약 76%가 현행 AI 연구개발 방향이 AGI 구현으로 직접 이어지기 어렵다고 응답했다. 특히 84%는 신경망 기술만으로는 인간 수준의 AGI에 도달하기 어렵다는 견해를 보였다. AI에 관한 대중의 과도한 기대와 실제 연구 상황 간 격차가 크며 이런 과대평가가 연구에 부정적인 영향을 끼칠 수 있다는 우려도 있었다.

이렇듯 '기계가 생각하다'라는 질문은 여전히 미완의 과제이다. 일치된 정의가 아직 없으며 평가 기준도 제각각이다. 이런 상황이 AGI에 대한 논의를 어렵게 한다. 그럼에도 AI는 '생각하는 기계'에 더 가까이 다가가는 중이다. 과학적 발견을 가속하고 이제까지 미처 다루지 못했던 복잡한 문제를 풀어내며 새로운 가능성을 열어가고 있다. 지금은 '생각하는 기계'로 가는 여정에서 '기계가 만드는 시대'를 살고 있다.

AI의 현재 – 기계가 만들다, 우리 삶 속의 AI

지금, 이 순간에도 AI는 우리가 인식하지 못하는 사이에 일상 속 깊숙이 스며들어 변화를 만들어내고 있다. '생각하는 기계'에 대한 호기심에서 출발한 AI는 이제 우리 삶의 많은 부분을 변화시키고 있다.

최근 몇 년 사이 가장 빠르게 진화한 분야는 생성형 AI다. 익숙한 예는 스마트폰이다. 우리가 무엇을 좋아하고, 어디를 자주 가고, 어떤 시간에 어떤 행동을 하는지를 파악해 그에 맞는 정보를 제공해 준다. 스마트폰을 통해 언제 어디서든 AI와 함께 생활하는 시대를 살아 가고 있다. 콘텐츠 산업에서도 놀라운 변화가 생기고 있다. 한 사람의 크리에이터가 AI 도구를 활용해 기존에는 상상도 할 수 없던 속도로 글이나 이미지, 영상 같은 콘텐츠를 생산하고 있다. AI 도구들은 이미 광고, 디자인, 예술 작품 제작에 널리 활용되고 있다. 이는 '기계가 무언가를 만들어내는' 시대가 도래했음을 보여준다. AI는 이제 창작의 조력자이자 동료가 되어 콘텐츠 산업의 판도를 바꾸고 있다.

'만드는 기계'는 크게 세 가지 영역에서 혁신적인 변화를 일으키고 있다. 첫째는 지적·창작 영역, 둘째는 물리적·산업 영역, 셋째는 지식·의사결정 영역이다. 이 세 가지 영역은 과거와 현재의 기술 발전을 대조할 때 뚜렷한 차이를 보여준다. 영역별로 어떤 변화가 일어났는지를 구체적인 사례와 함께 살펴본다.

지적·창작 영역

과거의 기계는 인간 창작의 조력자에 불과했다. 워드프로세서는 맞춤법을 교정해주고, 작곡 프로그램은 미리 입력된 샘플을 조합하는 수준이었다. 미술에서는 포토샵 같은 도구가 인간의 편집 작업을 빠르게 만들어 주었지만, 결과물의 방향을 결정하는 것은 어디까지나 인간의 몫이었다. 기계는 도구일 뿐 스스로 새로운 아이디어를 만들어내지는 못했다.

생성형 AI가 등장하면서 상황이 달라졌다. 텍스트 영역에서는 기사, 소설, 광고 카피 같은 문장을 스스로 구성한다. 언론사에서는 AI가 속보 기사를 자동으로 작성하고, 기업에서는 마케팅용 이메일 초안을 AI가 만들어준다. 이미지 영역에서는 디자이너가 키워드 몇 개만 입력해도 광고 문안이나 영상을 수 초 만에 완성한다. 음악도 마찬가지다. 특정 분위기와 장르를 지정하면 AI가 새로운 멜로디를 만들어낸다. 과거에는 인간의 창작을 보조하던 도구가 이제는 직접 결과물을 산출하는 주체로 전환되었다.

물리적·산업 영역

산업 현장에서의 자동화는 오래된 개념이다. 20세기 초 포드가 도입한 컨베이어 벨트와 조립 공정은 대량생산의 출발점이 되었다. 이후 산업용 로봇 팔이 자동차 공장에 도입되면서 용접, 도색, 조립 같은 반복 작업을 빠르고 정확하게 처리했다. 그러나 이들 기계는 정해진 궤적만 수행할 뿐 돌발 상황이나 예기치 못한 변수에는 무력했다.

지금은 AI를 도입하면서 이 한계가 줄어들었다. 물류 창고에서 AI 로봇은 단순히 상자를 옮기는 것이 아니라 수많은 경로 중 최적 동선을 스스로 계산해 움직인다. 건축에서는 AI가 설계 데이터를 분석해 실제 구조물을 쌓아 올린다. 의료 영역에서는 수술 로봇이 AI 영상 분석을 바탕으로 종양의 위치를 정밀하게 파악하고 의사의 지시를 보조하며 절개와 봉합을 수행한다. 과거의 자동화가 '명령에 따른 동작의 반복'이라면 현재의 AI는 '상황에 맞게 제작을 수행하는 유연한 주체'로 진화하였다.

지식·의사결정 영역

지식의 생산은 오랫동안 인간만의 영역이었다. 과거의 컴퓨터는 계산기와 통계 프로그램처럼 단순 연신을 도웠을 뿐이다. 데이터 속에서 의미를 뽑아내거나 새로운 전략을 제시하지는 못했다. 경영 보고서는 회계사가 데이터를 정리해 사람이 직접 결론을 도출해야 했다. 컴퓨터는 단순히 숫자를 계산해주는 보조 도구였다.

현재는 AI가 데이터를 해석하고 새로운 지식과 전략을 산출하는 단계에 들어섰다. 금융 분야에서는 AI가 시장 데이터를 분석해 투자 전략을 제안한다. 물류에서는 최적의 경로를 실시간으로 계산해 효율성을 높인다. 기후 과학에서도 AI는 방대한 시뮬레이션 데이터를 학습해 미래 기후 시나리오를 제시한다. 의료 영역에서는 환자의 진료 기록과 유전자 데이터를 분석해 맞춤형 치료법을 추천한다. 과거의 데이터는 사람의 해석을 필요로 하는 단순한 숫자였다. 지금의 데이터는 AI가 직접 새로운 의미와 결론을 '만들어내는' 주체가 되었다.

세 가지 영역별 변화

영역	과거	현재
지적·창작	– 워드프로세서 교정, 작곡 – 프로그램 샘플 조합 – 이미지 편집 보조	– AI가 기사·소설·광고 문구 작성 – 이미지·음악, 영상 자동 생성
물리적·산업	– 산업용 로봇의 반복 작업 – 컨베이어 벨트 기반 대량생산	– 물류 로봇 최적 경로 이동 – 3D 프린터 – AI 수술 로봇
지식·의사결정	– 계산기, 통계 프로그램 – 사람이 직접 결론 도출	– AI가 투자 전략 제안 – 여행 경로 최적화 – 기후·의료 데이터 분석

이 세 가지 축은 점점 더 밀접하게 연결되어 가고 있다. 예컨대 창작 영역에서 만들어진 설계안이 물리적 제작으로 곧바로 이어진다. 그 과정에서 얻어진 데이터가 다시 의사결정 영역으로 흘러 들어가 최적화 전략을 만들어낼 수 있다. '만드는 기계'라는 개념은 단일한 기능이 아니다. 지적·물리적·지식적 생산이 맞물려 돌아가는 생태계로 자리 잡아가고 있다.

AI의 미래 – 기계가 창조하다, 미래를 그리는 AI

'미래를 그리는 AI'라는 이 멋진 말은 AI의 미래를 생각하는데 많은 것을 포함하고 있다. 만드는 기계를 넘어 AI가 그리는 미래는 무엇일까? AI는 인간의 지시를 충실히 따르고 만들어 주는 도구에서 점차 새로운 것을 제안하고 창조하는 동반자로 변화하고 있다. 이 명제는 '창조란 무엇인가?'에 대한 정의와 우리가 기대하는 미래 AI의 모습은 어떤 모습일까에 대한 질문이기도 하다.

현재 AI는 크게 세 가지 방향으로 발전하고 있다. 첫 번째는 더 똑똑해지고 있다. 지금도 AI는 복잡한 문제를 해결하고 창작 활동을 하지만 앞으로는 과학자나 의사처럼 전문적인 판단이 필요한 영역에서도 인간과 협력하거나 때로는 능가할지도 모른다. 의료진이 영상 자료를 보고 병을 진단할 때, AI는 사람이 놓칠 수 있는 미세한 신호까지 찾아내어 더 정확한 진단을 도와줄 수 있다. 두 번째는 더 자연스러워지는 중이다. 지금도 스마트폰으로 음성 명령을 내리지만 미래에는 더욱 자연스러운 대화가 가능하도록 진화하고 있다. 집에서 "오늘 날씨가 추운데 따뜻한 음식 뭐 해먹을까?"라고 물어보면, AI가 냉장고 상황과 가족들의 취향, 건강 상태까지 고려해서 레시피를 추천하고 필요한 재료까지 주문해 줄 시기가 멀지 않았다. 세 번째는 더 많은 곳에 스며들고 있다. 집 안의 모든 기기들이 우리의 생활 패턴을 학습해서 스스로 최적의 환경을 만들어 주고 스스로 운전하는 자율 자동차가 대중화되는 시대가 다가오고 있다.

더 멀리 보면 AI는 단순히 기존 데이터를 재구성하는 수준을 넘어 새로운 개념이나 원리를 스스로 발견하고 맥락과 의미를 이해해 기존에 없던 것을 만들어 내는 단계로 변화하고 있다. AI가 세상을 이해하고 인간의 감정과 경험을 학습하며 스스로 과제를 설정할 수 있게 된다면 그것은 곧 '창조하는 기계'라 할 수 있다. 이러한 기술은 예술, 과학, 산업 등 모든 분야에 혁명적인 변화를 가져오게 된다. 단순히 멋진 그림을 그리는 것을 넘어 새로운 과학적 가설을 세우거나 그동안 해결하지 못하던 난제를 풀 새로운 방법을 제시하는 수준이 될 수도 있다.

미래를 그리는 AI

AI는 단순히 '만드는 기계'를 넘어, 인간과 함께 문제를 풀고 선택지를 제시하는 지적 파트너로 발전하고 있다. '미래를 그리는 AI'라는 말은 단순한 예측이 아니라, 데이터와 연산 능력을 활용해 아직 오지 않은 세계의 다양한 가능성을 구체적으로 시뮬레이션하는 능력을 의미한다.

의료 분야에서는 웨어러블 기기와 AI가 개인의 건강 데이터를 실시간으로 모니터링하고 위험 신호를 조기에 감지하는 연구가 이미 진행 중이다. 현재는 심박수, 혈압, 혈당 등 데이터를 기반으로 이상 징후를 알리는 수준이지만, 장기적으로는 생활 습관 교정이나 맞춤형 치료 방안을 제안하는 방향으로 확장될 수 있다.

교육에서는 AI가 학습자의 성향과 수준을 분석해 맞춤형 학습 콘텐츠를 제공하는 기술이 빠르게 발전하고 있다. 이미 일부 에듀테크 서비스는 개별 학습 관리와 가상현실(VR) 기반 체험형 수업을 시도하고 있다. 그러나 공교육 체계 전체에 적용되기 위해서는 비용, 교사 역할, 제도적 기반 등 해결해야 할 과제가 많다.

도시 설계 차원에서도 교통·에너지·환경을 통합 관리하는 '스마트 시티' 기술이 시험 단계에 있다. 교통 체증 예측 후 최적 경로 안내, 가정 내 에너지 효율 최적화, 재활용 자동 분류 등이 대표적이다. 다만 인프라 구축과 개인정보 보호 문제는 여전히 중요한 과제다.

이와 같이 AI는 우리 삶의 모든 곳에서 인간이 직관만으로는 발견하기 어려운 미래를 상상하고 대안을 그려주는 기술로 자리 잡을 가능성이 크다. 이는 인간의 상상력과 기계의 연산 능력이 결합해 만들어내는 새로운 형태의 창조라고 볼 수 있다. 다만 어디까지를 '창조'라 부를 수 있는지는 여전히 논의가 필요한 주제이다. '창조' 개념은 철학적·예술적·법적 맥락에서 정의가 달라 논쟁적이다. AI가 제시하는 산출물이 인간의 의도와 해석을 거쳐야만 의미를 가진다면 이를 '도구적 산출'로 볼 수도 있고, 반대로 '독립적 창조'의 일부로 인정할 수도 있다.

기계가 창조하다

'만드는 기계'를 넘어 '창조하는 기계'라는 상상은 단순한 과장이나 공상이 아니라, 기술의 진화와 인류가 마주할 새로운 지평을 예고하는 개념이다. 창조란 단순한 조합이나 모방을 넘어, 아직 존재하지 않는 것을 실현하는 힘이다. 인간이 그려온 미래는 상상력에 그것을 표현하는 기존 관념을 더해서 만들어졌다. 그러나 미래의 AI는 방대한 데이터와 계산 능력, 자기학습 구조를 통해 인간이 미처 도달하지 못한 가능성들을 탐색할 수 있다. 이때 AI가 제안하는 것은 단순히 새로운 텍스트나 그림이 아니라 인간이 상상조차 못했던 설계도나 아이디어일 수 있다. 예컨대 기존 과학의 한계를 넘어서는 새로운 물질 구조, 복잡한 사회 문제에 대한 예측 불가능한 해결책, 혹은 인류가 아직 언어로 규정하지 못한 세계의 가능성들을 열어 보이는 방식이다.

물론 이는 곧바로 '인간과 동일한 창의성'을 의미하지 않

는다. 인간의 창조는 경험과 감정, 역사와 문화적 맥락 위에
자리한다. 반면 기계의 창조는 연산과 데이터 패턴의 확장에
서 비롯된다. 하지만 두 방식은 충돌이 아니라 보완이 될 수
있다. 인간이 미처 보지 못한 미래를 기계가 제시하고 인간
은 그 제안을 문화와 의미의 틀 속에서 이해하고 재구성한
다. 그렇게 인간과 기계는 서로의 시야를 확장하는 공동 창
조자로 나아갈 수 있다.

　미래의 AI가 도달할 가장 도전적인 영역은 자기 창조(AI
by AI)라 할 수 있다. 지금까지 AI는 인간이 설계한 모델과
데이터를 토대로 발전해 왔다. 그러나 이미 일부 연구에서는
AI가 스스로 더 나은 신경망 구조를 찾아내거나, 다른 AI 모
델을 학습시키는 실험이 진행되고 있다. 이는 단순히 인간
의 지시에 따라 결과를 내는 수준을 넘어, 기계가 또 다른 기
계를 만들어내는 창조 행위의 시작을 보여준다. 앞으로의 AI
는 데이터 수집과 가공, 학습 과정까지 자동화하며 스스로를
개선할 수 있는 능력을 갖출 가능성이 크다. AI가 스스로 새
로운 알고리즘을 탐색하고 필요한 데이터를 합성해 훈련하
며 더 효율적인 모델을 설계한다. 이런 자기 창조 과정은 인
간이 개입하지 않아도 AI가 자체적인 진화를 이어가는 모습
으로 이어질 수 있다. 이는 곧 AI가 단순한 도구가 아니라 자

기 증식적 지능의 주체로 변모하는 가능성을 시사한다.

하지만 이 가능성은 강력한 기대와 동시에 두려움을 불러온다. AI가 스스로를 창조하고 발전하여 그 과정을 이해하거나 제어할 수 없는 수준으로 복잡해진다면 우리는 그 결과를 어떻게 다루어야 할까? 만약 자기 창조된 AI가 인간의 가치 체계와 어긋난 방향으로 진화한다면 그것은 존재적 위험으로 다가올 수도 있다. 무조건 억제할 수도 맹목적으로 환영할 수도 없다. 아직은 실현 가능성이 확실하지 않은 미래이지만 자기 창조 AI는 인류에게 새로운 동반자가 될 수도 통제 불가능한 위험이 될 수도 있다.

창조하는 기계?

현재 AI는 놀라운 결과물을 만들어내지만 그 과정에서 진정한 의도나 감정적 동기는 없다. 인간의 창조와 AI의 창조 사이에는 중요한 차이점이 있다. 인간의 창조는 개인적 경험, 감정, 직관에서 나온다. 반 고흐가 '별이 빛나는 밤'을 그린 것은 단순히 기술적 능력 때문이 아니라 그의 내면세계와 독특한 시각을 작품에 녹여내는 창조적 열망이었다. 베토벤이 '운명 교향곡'을 작곡한 것도 그의 삶의 경험과 철학적 사유가 음악으로 승화된 결과이다. 완전히 독립적으로 창조하며 그리는 AI가 가능할지는 현재로서는 미지수이다. 하지만 인간과 다른 방식의, 그러나 충분히 가치 있는 창조를 해낼 가능성은 충분히 있어 보인다. 마치 각자 다른 악기를 연주하는 음악가들이 함께 오케스트라를 이루듯, AI와 인간이 각각의 창조적 장점을 살려 함께 만들어가는 흥미로운 미래가 만들어질 수 있다. 그런데 진정한 '창조하는 기계'가 되려면 몇 가지 조건을 충족해야 한다.

첫째, AI가 자신만의 경험을 축적하고 이를 바탕으로 독창적 관점을 형성할 수 있어야 한다. 현재는 훈련 데이터에 의존하지만, 미래에는 실시간으로 세상을 경험하며 자신만의 '기억'과 '감정 같은 것'을 형성할 수도 있어야 한다. 둘째, 목적의식이 있어야 한다. 인간이 창조할 때는 대개 무언가를 표현하려는 의도가 있다. 사회에 메시지를 전달하거나, 아름다움을 추구하거나, 문제를 해결하려는 동기 같은 것들이다. AI도 단순히 요청에 응답하는 것을 넘어 스스로 창조하고자 하는 동기를 가져야 한다. 셋째, 맥락을 이해하고 재구성할 수 있어야 한다. 단순히 데이터의 조합이 아니라, 상황과 문화적 배경, 언어의 뉘앙스를 종합해 새로운 서사를 만들어내는 능력이 필요하다. 인간의 창의성은 맥락과 연결된 상징 해석에서 비롯되므로, AI 역시 맥락 기반 해석 능력을 발전시켜야 한다. 넷째, 불확실성을 감내하고 모호함 속에서 의미를 걸러낼 수 있어야 한다. 인간 창작은 항상 정답이 없는 상태에서 시작된다. 명확하지 않은 질문, 정해지지 않은 규칙 속에서 새로운 가능성을 발견하는 힘이 창조성이다. AI도 정형화된 입력·출력 구조를 넘어 모호함 속에서 탐구하고 실험할 수 있어야 한다. 다섯째, 자기반성적 메타인지가 필요하다. 스스로의 산출물을 비판적으로 검토하고, 더 나은 결과를 위해 수정을 거듭하는 과정이 창조적 사고의 본질이다. 현재의 AI는 출력 후 책임을 지지 않지만, 미래의 AI는 자기 성찰적 평가와 개선 과정을 통해 점진적으로 창의성을 높여갈 수 있어야 한다. 여섯째, 타자와의 상호작용을 통한 공동 창작 능력이 있어야 한다. 인간은 고립된 존재가 아니라 대화와 협업을 통해 창작을 진화시켜왔다. AI도 인간뿐 아니라 다른 AI와의 협력, 문화적 담론과의 교류 속에서 창조적 성과를 확장할 수 있어야 한다.

AI가 그려낸 미래가 반드시 우리가 원하는 미래가 아닐 수도 있다. AI는 데이터에 기반한 가능성을 보여줄 뿐, 그 안에 담긴 가치 판단은 인간의 몫이다. AI가 아무리 똑똑해져도 '우리가 어떤 세상을 만들고 싶은가'에 대한 방향성은 최종적으로는 인간의 결정이다.

2. 우리가 생각하는 AI, 실제 AI

AI에 대한 대중의 인식은 주로 과학 소설이나 영화를 통해 형성되었다. 대표적인 예가 영화 「2001 스페이스 오디세이」의 HAL 9000 이나 「터미네이터」의 스카이넷, 「매트릭스」의 매트릭스 등이다. 각각 AI에 대한 통제 상실, AI의 전면적 반란과 전쟁, 지배와 인식의 왜곡 등의 흐름을 담고 있다. 이 흐름은 'AI가 인간과 충돌할 수 있다'에서 'AI가 인간을 적대한다'로 그리고 'AI가 인간을 지배한다'로 확장되어 왔다. 물론 「숏 서킷」이나 「스타워즈」 시리즈처럼 인간과 교감하는 AI를 다룬 창작물도 여럿 소개되었다. 이렇듯 'AI는 언젠가 자의식을 가진 객체'로 성장하여 인간과 대면할 것이라는 기대와 공포의 대상이었다.

　현실에서 초기 AI는 '생각하는 기계'에서 출발하여 인간의 사고 과정을 모방하는 데 초점을 맞추었다. 초기 AI 연구는 기술적인 한계로 오랫동안 침체기를 겪었다. 하지만 1980년대 후반부터 컴퓨팅 파워가 비약적으로 발전하면서 AI는 새로운 전기를 맞이하게 된다. 특히 2010년대에 들어서는 딥러닝 기술이 발전하면서 이미지 인식, 자연어 처리 등 특정 분야에서 인간에 버금가는 성능을 보이면서 AI는 다시 한번 주목받기 시작했다.

　2020년대 들어 AI는 드디어 우리 일상 속으로 깊숙이 들어왔다. 챗GPT라는 생성형 AI가 세상에 본격적으로 모습을 드러낸 이후, AI라는 단어는 더 이상 과학자나 기술자들만의 전유물이 아니게 되었다. 글을 쓰고, 그림을 그리고, 음악을 만드는 AI가 등장하면서 사람들은 'AI가 드디어 인간의 창의력까지 넘보는구나'라는 놀라움과 동시에 약간의 불안도 느끼기 시작했다. 하지만 대중이 흔히 상상하는 AI의 모습과 실제 AI 기술 사이에는 상당한 간극이 존재한다.

일반인의 인식과 실제의 AI

　일반인의 인식 속 AI와 실제 기술로서의 AI는 어떤 차이를 갖고 있을까. 과거부터 현재, 그리고 미래로 이어지는 흐름 속에서 AI의 실체를 하나씩 들여다보며 그 차이를 비교해 본다.

AI 인식 비교

항목	일반인의 인식	실제 AI
사고 능력	스스로 생각하고 판단함	규칙 기반 또는 통계 기반 예측
창의력	창의적으로 무언가를 발명하거나 창조함	훈련된 데이터 내에서 조합 및 변형
감정 이해	감정을 공감하고 위로함	감정을 흉내는 낼 수 있으나 진짜 이해는 아님
자율성	독립적으로 행동하고 의사 결정함	주어진 조건 내에서 제한된 자율성만 존재
위협 가능성	인간을 능가하거나 지배할 수 있음	아직은 인간 보조 수준, 통제 가능

사고 능력

많은 사람들이 AI를 인간처럼 생각하고 판단하는 존재로 여긴다. 영화 속 AI가 감정을 갖고 독립적으로 사고하는 모습을 보며, 실제 AI도 마치 친구처럼 대화하고 고민하며 결정을 내린다고 생각한다. 특히 챗GPT나 다른 AI와 자연스럽게 대화하다 보면 "이 AI가 정말 나를 이해하고 있구나"라고 느끼게 된다.

하지만 현재의 AI는 실제로는 방대한 데이터 패턴을 분석해 가장 적절한 응답을 생성하는 고도화된 도구에 가깝다.

"오늘 기분이 어때?"라고 물으면 AI는 기분을 실제로 느끼는 것이 아니라, 과거에 학습한 수많은 대화 패턴에서 적절한 답변을 찾아 제시한다. 따라서 AI의 사고 과정은 계산적 연산이며, 인간적 사고와는 본질적으로 다르다.

그렇다고해서 AI의 사고 능력이 가치가 없는 것은 아니다. 인간이 직관과 감정을 통해 맥락을 해석한다면, AI는 방대한 정보를 신속하게 처리하고 복잡한 문제를 구조화하는 데 강점을 지닌다. 인간을 대체하는 주체가 아니라 보완적 도구로서 가치가 있으며 인간적 사고와 결합될 때 더 큰 효과를 발휘한다.

창의력

'창의력'을 전혀 없는 것을 새롭게 발명하거나, 완전히 독창적인 무언가를 만들어내는 능력이라고 정의한다. 마치 예술가가 영감을 받아 그림을 그리거나, 과학자가 전혀 새로운 이론을 세우는 것처럼 무에서 유를 창조하는 힘이다. 그래서 AI가 그림을 그리거나 글을 쓰면 "AI가 진짜 창의력을 가졌나?"라는 의문이 생기게 된다.

하지만 실제 AI는 훈련된 데이터 안에서 조합하고 변형한다. 주어진 수많은 사례와 패턴을 통계적으로 학습한 뒤 그것을 재구성해서 새로운 것처럼 보이게 만든다. 겉으로 보기에는 참신하고 독창적으로 보일 수 있지만 본질적으로는 데이터 속에 이미 존재하던 조각들을 섞어낸 결과물이다.

인간의 창의력은 맥락을 이해하고 의도와 목적을 담아 전혀 새로운 틀을 여는 것이라면 AI는 데이터의 가능성을 최대한 조합하여 새로운 형태로 보여준다. 인간이 근본적인 발명의 창의력이라면 AI는 재조합의 창의력이다.

감정 이해

상대의 기분을 공감하고 위로하거나 따뜻하게 반응하는 것이 '감정 이해'이다. 친구가 슬퍼할 때 옆에서 "괜찮아, 내가 같이 있어줄게"라고 말하는 것처럼 단순히 말만 하는 게 아니라 진심을 담아 공감하는 태도를 의미한다. 그래서 많은 사람들이 AI가 감정을 이해한다고 하면 인간처럼 마음을 읽고 따뜻한 위로까지 해줄 수 있을 거라 기대하기도 한다. 그러나 실제 AI의 능력은 그보다 훨씬 제한적이다. AI는 언어, 표정, 목소리 톤 같은 데이터를 분석해서 상대가 어떤 감정을 표현하고 있는지 '추측'할 수는 있다. 그러나 이건 어디까지나 패턴 인식이지 인간처럼 진짜로 그 슬픔을 느끼고 공감하는 것은 아니다. AI는 감정을 '표현된 신호'로부터 분류하고 반응할 수 있는 능력은 있지만 그 이면에 있는 인간의 마음을 진정으로 이해하거나 함께 느낄 수 있는 능력은 없다. 겉모습의 감정은 읽을 수 있지만 내면의 마음은 모른다.

인간의 감정 이해는 '공감과 위로'이고 AI의 감정 이해는 '데이터에 기반한 감정 추정'이다.

자율성

사람들이 생각하는 자율성은 '다른 존재에 의존하지 않고 스스로 판단하고 행동하며, 자기 의사결정을 내리는 능력'이다. 인간이 스스로 삶의 방향을 선택하고 책임을 지는 것처럼 독립적인 주체성을 가진 상태를 말한다. 이런 맥락에서 많은 사람들은 'AI가 자율적이다'라고 하면, 마치 인간처럼 자유롭게 판단하고 자기 의지로 움직일 수 있다고 오해를 한다.

하지만 실제 AI의 자율성은 다르다. AI는 주어진 조건과 환경, 그리고 설계자가 설정한 한계 안에서만 움직이는 제한된 자율성을 가질 뿐이다. 자율주행 자동차를 살펴 보자. 도로 상황을 인식하고 스스로 차선을 바꾸거나 속도를 조절하는 것처럼 보이지만 사실은 수많은 규칙과 알고리즘에 의해 결정되는 범위 안에서만 선택한다. 인간이 미리 설계해 둔 '틀'을 벗어나 행동할 수는 없다.

따라서 인간의 자율성은 자기 주체적 의사결정이고, AI의 자율성은 프로그래밍된 범위 안에서의 제한된 선택이라고 구분할 수 있다. 인간은 상황에 따라 규칙을 깨뜨리거나 새로운 규칙을 세울 수 있지만, AI는 어디까지나 기존 규칙 안에서만 움직일 수 있다는 점이 본질적인 차이이다.

AI가 어떤 방향으로 발전할지는 명확하지 않다. 하지만 점점 더 인간처럼 보이게 될 것은 분명하다. 인간과 유사한 수준의 지능을 갖춘 AGI에 대한 연구도 꾸준히 진행되고 있다. 특정 분야에서는 인간의 삶에 더욱 큰 영향을 줄 기술이 더욱 발전하고 있다. 감정을 흉내 내는 AI, 창의적인 제안을 하는 AI, 자율적으로 움직이는 로봇 등 우리 눈에는 점점 더 '사람 같은' AI가 많아질 것이다. 그러나 진정한 창의성이나 윤리적 판단, 감정적 공감은 여전히 인간 고유의 영역이다.

기대 만큼의 우려

가장 큰 우려 중 하나는 노동 시장의 변화이다. AI는 같은 시간에 사람보다 많은 일을 해낼 수 있다. AI 기반 자동화가 확산되면서 단순 반복 업무뿐만 아니라 전문직 영역에서도 일자리 감소가 발생할 수 있다. 산업혁명 때도 많은 직업이 사라졌지만 새로운 직업들이 생겨났듯이 AI 시대에도 비슷한 일이 일어나고 있다. 기존 일자리가 없어지고 새로운 일자리가 만들어지는 과정이 필연적이다. 다만 변화의 속도가 과거보다 훨씬 빠를 수 있어서 사람들이 새로운 기술에 적응할 시간이 부족할 수 있다. 번역사나 회계사 같은 직업은 AI가 상당 부분 대체할 수 있지만 동시에 AI를 관리하고 감독하는 새로운 일이 필요하다. 새로운 일자리에 적응하도록 재교육하고 탈락자에 대한 사회 구조와 안전망을 준비하지 못하면 AI는 새로운 재앙이 될지도 모른다.

또 다른 중요한 문제는 AI가 내리는 결정을 어떻게 믿고 통제하며 책임질 것인가 하는 점이다. 자율주행 자동차가 사고를 냈을 때 누가 책임을 질 것인지, AI가 의료 진단을 잘못했을 때는 어떻게 할 것인지 같은 문제들이다. 엘리베이터가 처음 만들어졌을 때 사람들이 "기계를 믿고 높은 곳으로 올라가도 되나?", "줄이 끊어지면 어떡하지?", "기계가 고장나면 추락하는 것 아닌가?"하며 불안해 했다. 하지만 안전장치 개발, 법적 규제, 점검 시스템 등을 통해 점차 신뢰를 얻게 되었다.

미래 사회에서 중요한 화두는 AI와 인간의 관계이다. 기술 수준은 아직은 인간이 설정한 범위와 통제 안에 있지만 인간이 그것을 어떻게 설계하고 사용하는가에 결과는 달라질 수 있다. 편향된 데이터로 훈련된 AI가 차별적인 결과를 내거나, 악의적인 의도를 가진 사람이 AI를 무기화한다면 분명 위협적인 도구가 될 수 있다. 딥페이크 기술을 악용하여 정치인이나 유명인의 얼굴을 합성해 가짜 영상을 만들어 여론을 조작하거나, 일반인의 사진을 이용해 성착취물을 제작하는 범죄가 발생하고 있다. 선거철에 후보자의 가짜 발언 영상이 유포되어 정치적 혼란을 야기하는 경우도 있다.

우리가 생각하는 AI와 실제 사이의 간극을 좁히고 올바르게 함께하기 위해서는 기술에 대한 정확한 이해와 함께 윤리적 문제, 법적 규제, 사회적 안전망 구축 등 사회적 논의와 준비가 필수적이다. AI에 대해 막연한 기대나 두려움을 갖는 것보다는 그 실체를 올바르게 이해하고 어떤 방식으로 기술을 삶에 적용할 것인지 고민해야 한다. AI는 미래를 '그리는' 도구이지, '결정하는' 존재가 아니다.

3. 진화하는 AI

AI는 '생각하는 기계'의 꿈에서 출발해 인간의 지각과 사고, 행동을 모방하고 확장하는 방향으로 진화해 왔다. 우리가 AI라고 하면 흔히 '챗GPT'처럼 말을 잘하거나 이미지를 그리는 '생성형 AI'를 떠올린다. 하지만 진화의 방향은 크게 네 가지 흐름으로 나뉜다. 앞에서 언급한 지각형, 생성형, 에이전트, 그리고 피지컬 AI이다. 지각형 AI가 눈과 귀, 피지컬 AI가 손과 발이라면, 생성형 AI는 사고하고 표현하는 두뇌에 해당한다. 그리고 에이전트 AI는 이 두뇌를 활용해 실제 행동을 수행하는 실행자 역할을 맡는다. 이 네 가지는 각각 독립된 기술이지만 서로 연결되어 하나의 지능 생태계를 이룬다. 각기 네 가지 방향으로 발전하고 있으면서도 이들은 하나의 지능 체계 안에서 유기적으로 연결되어 가고 있다.

1990년대 후반의 지각형 AI는 인간의 눈과 귀처럼 세상을 인식하여 디지털 데이타로 변환하여 이를 다른 AI가 활용할 수 있게 한다. 이후 2010년대에 생성형 AI가 등장하였다. 지각형 AI의 인식이나 명령을 받아들여 언어나 이미지, 음악 등으로 표현하고 생성한다. 이렇게 만들어진 사고와 표현을 바탕으로 실제 행동을 결정하는 단계가 2020년대에 나타난 에이전트 AI다. 에이전트 AI는 특정 목표를 스스로 이해하고 판단하며, 다음에 취할 행동을 계획한다. 사람으로 치면 '결정을 내리는 의지'에 가깝다. 마지막으로 최근에 관

AI 유형별 비교

AI 유형	지각형 AI	생성형 AI	에이전트 AI	피지컬 AI
등장 시기	1990년대 후반 ~2010년대 초반 ('딥러닝 기반 인식' 기술 등장)	2010년대 후반~ 현재 (GAN, 트랜스포머, 챗GPT이후 대중화)	2020년대 초반~ 현재 (LLM+를 결합)	2020년대 중반 이후 (로보틱스+멀티모달 AI 융합)
핵심기능	시각·청각 등 환경 인지 및 이해	텍스트·이미지· 음성 등 새로운 콘텐츠 생성	목표 설정, 계획·수행, 자율적 문제 해결	실제 세계와 직접 상호작용, 물리적 행동
사례	얼굴 인식, 자율주행 센서, 음성 명령, 의료 영상 분석	글쓰기, 작곡, 영상 생성	AI 비서, 자동 응답 챗봇, 자동 거래 시스템	자율주행차, 휴머노이드 로봇, 스마트 팩토리
선후 관계	AI '눈과 귀', 인식 기반 기술로 모든 AI의 토대	감각형 AI의 데이터를 학습해 창의성을 발휘	감각형·생성형 AI의 지능을 이용해 행동 수행	세 가지 AI의 통합체, 현실에서 자율적 행위 수행

심이 증가하고 있는 피지컬 AI는 이 결정을 현실에서 실행하는 존재다. 로봇이나 자율주행차처럼 실제 공간에서 움직이며, 인간이 할 수 있는 물리적 행동을 대신 수행한다. 이러한 흐름은 AI가 단순한 정보 처리 도구를 넘어 인간의 감각과 사고, 그리고 행동이 통합된 자율적 존재로 성장하고 있음을 보여준다.

지각형 AI – 세상을 '느끼는' AI

현재 AI는 점차 스스로 판단하고 실행하며 움직이는 단계로 발전하고 있다. 스스로 실행하는 능력을 갖추려면 인간과 같이 오감을 수행하는 기술이 필요하다. 지각형 AI는 이름 그대로 인간의 감각 기관 역할을 하며 세상을 '인식하는' 능력을 가진 AI이다. 카메라, 마이크, 센서 같은 장치를 통해 받아들인 신호를 분석하고 의미를 해석한다. 지각형 AI는 현실의 물리적 정보를 '디지털 언어'로 번역하여 세상을 인식하는 역할을 맡는다.

지각형 AI는 세 단계로 작동한다.

첫째는 감지(Sensing) 단계다. 카메라, 마이크, 온도계, 진동 센서 등에서 물리적 신호를 받아들이는 과정이다. 둘째는 인식(Perception) 단계다. 입력된 데이터를 AI가 분석하여 사물이나 패턴을 인식한다. 얼굴 인식, 음성 인식, 물체 감지 같은 기능이 여기에 해당한다. 셋째는 판단(Interpretation) 단계다. 인식한 결과를 종합하여 상황을 해석하고 의미를 도출한다. 에이전트 AI가 "오늘 기분이 안 좋아 보여요. 음악을 틀까요?"라고 말하려면 카메라로 표정을 읽고, 목소리의 톤을 분석해야 한다. 이것이 바로 지각형 AI의 영역이다. 이 세 단계를 거치면서 AI는 인간처럼 세상을 '보고, 듣고, 느끼고, 이해하는' 능력의 일부를 갖추게 된다.

지각형 AI의 발전은 모든 분야에서 영향을 미치고 있다. 헬스케어 분야에서는 워치를 통해 건강 상태를 감지하여 부정맥을 조기에 발견하기도 하고, 수면 중 호흡 패턴을 분석해 수면 무호흡 가능성을 알려준다. 과거에는 병원에서만 가능했던 정밀 감지와 모니터링이 이제는 손목 위에서 이루어진다. 산업현장에서는 공장 설비에 부착된 센서가 진동이나 온도 변화를 감지해 이상 징후를 미리 알려주면, 고장이 나기 전에 정비할 수 있다. 이는 생산 중단이나 안전사고를 막는 데 큰 역할을 한다. 그 외에도 자율형 자동차나 스마트 홈 등 넓은 분야에서 인간이 직접 보거나 듣지 않아도 AI가 감각기관처럼 작동하고 있다.

인간과 AI의 새로운 감각

지각형 AI는 주로 카메라 영상과 음성 데이터에 의존한다. 사람의 눈이 보지 못하는 적외선 영역을 감지하거나, 귀가 들을 수 없는 초음파를 인식하는 AI 센서는 이미 보편화된 존재이다. 여기서 한 발 더 나가 다중 감각 융합(Multimodal sensing)으로 발전하고 있다. 시각, 청각, 촉각, 심지어 냄새와 맛까지 동시에 인식하는 AI가 등장할 가능성이 높다. 이미 연구 단계에서는 '전자코(E-nose)'와 '전자혀(E-tongue)' 기술이 실험되고 있다. 음식의 향과 맛을 감지해 품질을 판별하거나, 공기 중 유해가스를 실시간으로 감지하는 AI도 등장하고 있다. 이런 기술이 발전하면 지각형 AI는 단순히 사물을 '보는' 수준을 넘어 '느끼는' 단계로 진화하게 된다. 또한 지각형 AI는 인간의 감정 인식에도 적용된다. 표정, 음성, 심박수, 피부 온도 같은 생체 신호를 분석해 사용자의 정서를 파악하고, 맞춤형 반응을 제공하는 기술이다. 인지 오류를 줄여 향후 AI 상담사나 돌봄 로봇, AI 비서 등에서 널리 활용될 가능성이 크다.

지각형 AI는 단순히 기술의 확장이 아니라 인간의 감각을 확장하는 또 하나의 진화이다. 우리가 감지할 수 없는 영역까지 '느끼는' AI가 인간의 한계를 보완하고 확장하는 셈이다. 항공기 엔진의 미세한 진동을 감지해 고장을 예측하거나 의료 영상에서 사람이 구분하기 어려운 병변을 탐지하는 것도 지각형 AI의 영역이다. 인간의 감각을 뛰어넘는 '제6의 감각'을 AI가 제공하는 셈이다. 앞으로 AI는 더 많은 상황을 스스로 판단하고 인간의 개입 없이 환경에 적응하게 된다. '보고 듣는 기계'에서 '느끼고 반응하는 존재'로 전환하고 있다.

생성형 AI — 감각에서 행동으로 이어지는 두 번째 진화

AI는 이제 일상 속에서 공기처럼 존재한다. 그중에서도 '생성형 AI'는 우리가 가장 자주 접하고, 가장 직접적으로 체감하는 형태다. 지각형 AI가 세상의 정보를 보고 듣고 인식하는 눈과 귀라면, 생성형 AI는 그것을 토대로 '새로운 것을 만들어내는 입과 손'이다. 텍스트, 이미지, 음악, 영상, 코드 등 다양한 형태의 콘텐츠를 스스로 만들어낸다. 우리가 AI에게 글을 부탁하거나, 이미지 생성기에게 그림을 그려달라고 하는 것, 배경음악을 작곡해 달라고 요청하는 것 모두 생성형 AI의 범주다. 인간의 언어로 지시를 내리면, AI가 그에 맞는 결과물을 '창조'해낸다. 이 과정에서 AI는 과거의 데이터를 단순히 복제하지 않고 통계적으로 유의미한 패턴을 바탕으로 '새로움'을 만들어낸다.

이 기술의 핵심은 대규모 언어모델(LLM: Large Language Model)이다. 수십억에서 수조 개의 단어로 구성된 데이터를 학습해 언어의 규칙과 의미망을 이해하고, 새로운 문장을 구성할 수 있다. 그래서 "오늘 저녁 뭐 먹을까?" 같은 일상적인 질문에도 자연스럽게 대답하고, "고양이를 주인공으로 한 동화를 써줘" 같은 요청에도 이야기를 만들어낸다. 언어모델은 문장뿐 아니라 코드, 수식, 음악의 악보 같은 '언어 구조'를 가진 모든 형태에 응용될 수 있다.

이런 생성형 AI는 이미 실생활 곳곳에 스며들어 있다. 사람들은 이를 'AI 기술'로 의식하지조차 않는다. 이메일 자동 완성 기능은 사용자의 문체와 의도를 예측해 문장을 제안한다. 사진 편집 앱에서는 인물의 배경을 자동으로 바꾸거나 조명을 조정하는 기능이 있다. 유튜브나 틱톡의 숏폼 영상은 생성형 AI로 편집과 자막을 자동 생성한다. 기업에서는 회의록 작성, 마케팅 문안, 디자인 시안까지 AI가 초안을 만든다. 이제 '창작'의 진입 장벽이 낮아진 셈이다. 누구나 아이디어만 있으면 AI를 도구 삼아 결과물을 만들어낼 수 있는 시대가 열리고 있다.

일반인들이 생성형 AI를 주로 접하는 이유도 여기에 있다. 지각형 AI나 에이전트 AI, 피지컬 AI는 대부분 시스템의 일부로 숨어 있다. 자율주행차의 카메라, 스마트폰의 얼굴 인식, 공장 로봇의 동작 제어 같은 것은 내부에 AI가 존재하더라도 우리가 직접 다루는 경우는 적다. 반면 생성형 AI는 사용자가 직접 대화하고, 요청하고, 결과를 확인하는 '대면형 AI'다. 사람과 AI가 마주 앉아 대화하는 듯한 경험을 주기 때문에, 사용자 입장에서 가장 쉽게 'AI와 함께 일한다'는 느낌을 받는다.

또 하나의 이유는 '언어'다. 과거의 컴퓨터는 명령어를 정확히 알아야 했다. 그러나 생성형 AI는 사람이 평소 쓰는 자연어로 대화한다. "좀 더 부드럽게 말해줘", "이 문장을 간결하게 만들어줘" 같은 추상적인 표현도 이해한다. 이 덕분에 기술적인 문턱이 크게 낮아졌다. 프로그래밍을 모르는 사람도 문장으로 충분히 AI를 활용할 수 있다. 이 과정에서 새로운 개념이 등장했다. 바로 '프롬프트(prompt)'다. 프롬프트란 AI에게 주는 지시문, 즉 말을 건네는 방식이다. "이런 상황에서 이렇게 해줘"라는 형태로 목적과 맥락을 담는다. 예전에는 개발자가 코드로 명령을 입력했지만, 이제는 누구나 자연어로 원하는 결과를 얻을 수 있다. 잘 설계된 프롬프트는 AI의 성능을 극대화한다. 그래서 '프롬프트 엔지니어링'이라는 신직종이 생겼고, '대화의 기술'이 곧 'AI를 다루는 기술'이 되었다.

이러한 변화는 개인의 일상뿐 아니라 일의 방식에도 큰 변화를 주고 있다. 문서 작성, 기획서 초안, 데이터 정리, 번역, 보고서 작성 등 많은 업무가 AI와의 협업 형태로 바뀌고 있다. 회사에서는 AI가 초안을 만들고 사람이 검토·보완하는 구조가 정착 중이다. 창작 분야에서도 'AI 공동저자'나 'AI 프로듀서' 개념이 등장했다. 인간은 방향을 제시하고, AI는 무한한 변주와 시각을 제공한다. 덕분에 개인 창작자나 1인 기업이 다수 등장하고 있다.

그러나 생성형 AI의 등장은 동시에 새로운 숙제를 남겼다. 첫째는 '신뢰성' 문제다. AI가 생성한 문장은 유려하지만, 그 내용이 반드시 사실은 아니다. AI는 '아는 것처럼 말할 수 있는' 능력이 뛰어나기 때문에 사용자는 결과를 무조건 믿기보다는 '검증'의 습관을 가져야 한다. 둘째는 '저작권과 윤리'의 문제다. AI가 학습한 데이터에는 기존 창작물들이 포함돼 있다. 따라서 결과물의 원저작자 권리 그리고 인간 창작자와 AI의 관계를 어떻게 정의할지가 새로운 사회적 과제다. 셋째는 '비대칭적 역량'의 문제다. AI를 잘 활용하는 사람과 그렇지 못한 사람의 격차가 빠르게 벌어지고 있다. 개인의 경쟁력은 'AI 리터러시'라는 문해력이 핵심이다.

앞으로의 생성형 AI는 단순히 '내용을 만들어주는 도구'에서 벗어나 '의도를 이해하고 상황에 맞게 조정하는 동료'

이다. 지금은 사용자가 매번 프롬프트를 입력해야 하지만 앞으로는 AI가 사용자의 스타일과 목적을 스스로 학습해 "이건 당신이 평소 선호하는 방식이죠?"라고 제안할 수도 있다. 더 나아가 여러 AI가 서로 협업하면서 복잡한 과업을 수행하게 된다. 하나의 생성형 AI가 글을 쓰고 다른 AI는 그 내용을 요약하고 또 다른 AI가 음성으로 낭독하는 식이다. 이런 'AI 간 협업'은 한 단계 높은 창의 활동에 집중할 수 있게 만든다.

이러한 발전은 이어서 설명하는 '에이전트 AI'와 '피지컬 AI'로 이어진다. 생성형 AI가 언어와 콘텐츠를 만들어내는 능력을 가진다면 에이전트 AI는 '행동력'을 더하여 사용자의 명령을 듣고 스스로 계획을 세우고 외부 시스템을 움직여 일을 수행한다. 생성형 AI가 '생각과 말'을 담당했다면, 에이전트 AI는 '행동과 실행'을 담당하게 된다. 그리고 다시 피지컬 AI로 확장된다. 피지컬 AI는 가상공간을 넘어 실제 세상에서 작동한다. 이때 생성형 AI의 언어 이해와 표현 능력, 에이전트 AI의 판단과 계획 능력이 합쳐져야 비로소 '자율적 존재'로 작동한다.

지금 우리가 매일 대화하며 사용하는 생성형 AI는 'AI 진화의 중심축'이다. 인간의 의도를 말로 이해하고 스스로 판단하며 실제로 움직여 결과를 만들어내는 연결고리이다. 지각형이 정보를 받아들이고, 생성형은 그것을 해석해 새로운 가치를 만들어 내며, 에이전트가 이를 실행으로 옮기고, 피지컬 AI가 현실에서 구현해 낸다. 이 기술은 단순히 편리한 도구가 아니라 인간의 표현력과 창의력을 확장시키는 새로운 언어이자 사고의 동반자이다. 그리고 머지않아 말로만 요청해도 스스로 판단하고 움직이는 '지능을 가진 동료'의 시대를 여는 첫걸음이다.

에이전트 AI — '지시받는 도구'에서 '스스로 일하는 동료'로

AI의 진화 속도는 이제 인간의 상상력을 추월하고 있다. 그중에서도 최근 주목받는 개념이 '에이전트 AI'다. 이 AI는 단순히 인간의 명령을 따르는 도구가 아니라 스스로 목표를 세우고 판단하며 행동하는 객체를 뜻한다. 이를 통해 인간이 도구를 사용하는 시대를 지나 도구가 인간을 대신해 일하는 시대로 접어든다.

생성형 AI는 '창작'에 초점을 둔 대화형 도구이다. 에이전트 AI는 '실행'에 초점을 두고 복잡한 업무를 스스로 계획하고 실행하는 '자율형 비서'의 성격을 가지고 있다. 단순히 '도와주는 도구'가 아니라 '대신 일하는 존재'로 변모하고 있다.

'이 사진으로 포토에세이를 써줘'라고 요청하면 스스로 목차를 만들고 초안을 작성하여 교정까지 마쳐서 요구한 형태로 포토에세이 파일을 만들어 주기도 한다. 인간이 직접 명령을 내리지 않아도 AI가 스스로 판단해 행동하는 '디지털 대리인(agent)' 역할을 한다.

에이전트 AI의 작동 원리는 인간의 업무 흐름을 닮아 있다. 목표를 설정하고 계획을 세운 뒤 필요한 정보를 수집하고 실행에 옮기는 과정이 자연스럽게 이루어진다. 모든 과정이 사용자의 추가 명령 없이 이루어진다.

에이전트 AI는 발전 단계에 따라 세 가지로 구분할 수 있다.

1단계는 반응형이다. 사용자의 명령에 즉각 반응하며 단일 작업을 수행한다. 2단계는 계획형 AI로 목표 달성을 위해 다단계 계획을 수립하고 실행 특정 업무 절차를 자동으로 처리한다. 3단계는 자율형이다. 에이전트 스스로 목표를 설정하고 외부 시스템과 연동하여 행동하며 다양한 플랫폼을 오가며 자동화된 처리를 수행한다.

현재 우리가 주로 사용하는 AI는 1단계나 2단계 수준에 머물러 있다. 현재 생성형 AI는 이미 개인 사용자부터 기업까지 광범위하게 활용되는 현재형 기술'이다. 반면 에이전트

AI는 특정 분야에서 시범적으로 도입되고 있는 '미래형 기술'이다. 미래형이라는 의미는 기술적 완성도와 사용자 신뢰도 측면에서 아직까지는 더 많은 발전이 필요하다는 의미다. 그러나 전 세계 기술 기업들은 이미 3단계, 즉 '자율형 에이전트' 개발 경쟁에 뛰어들었다. 이런 AI는 사용자의 목표를 이해하고 필요한 정보를 스스로 찾아 실행하며 여러 시스템을 넘나들며 결과를 만들어 낸다. 단순히 대화형 응답기를 넘어 디지털 공간 안에서 '스스로 일하는 존재'로 진화하고 있다.

이제 이런 에이전트 AI를 만드는 일이 더 이상 전문가의 전유물이 아니다. 과거에는 프로그래밍과 AI 모델링 지식이 필수였지만 지금은 일반인도 자연어로 지시를 내리거나 간단한 설정만으로 자신만의 AI 비서를 만들 수 있다. "회의 일정 정리하고 보고서 초안을 만들어줘"처럼 목적을 설명하면, AI가 문서를 작성하고 관련 일정을 자동으로 정리한다. 사용자는 단지 '무엇을 원하느냐'를 말할 뿐 그 과정을 설계할 필요가 없다. 기술력이 아니라 "AI에게 어떤 일을 맡길 것인가"를 정하는 기획력이 더 중요하다. 이런 흐름은 다양한 분야로 확산되고 있다. 과거에는 '명령을 기다리는 존재'였던 AI가 이제는 '상황을 인식하고 먼저 제안하는 존재'로 바뀌어 가고 있다.

이 변화는 일의 주도권이 인간에서 AI로 옮겨가는 과정을 보여준다. 예전에는 인간이 데이터를 모으고 분석해 결정을 내렸지만 이제는 AI가 먼저 분석하고 제안하며 인간은 그 결과를 검토하고 승인하는 역할을 맡는다. 인간은 '수행자'에서 '감독자'로 변화하고 있다. 기업에서도 고객 응대나 마케팅, 보고서 작성, 재고 관리 같은 반복적인 업무를 에이전트 AI에게 위임하는 사례가 늘고 있다. 한 글로벌 기업은 고객 문의 대응을 AI 에이전트에게 맡겨 전체 문의의 80%를 자동 처리하고 있다. 사람은 이제 복잡하거나 예외적인 상황에만 개입한다.

이처럼 에이전트 AI가 도입되면서 생산성과 효율성은 높아졌지만 새로운 과제도 생겨났다. 에이전트가 외부 시스템과 연결되면서 데이터 보안과 개인정보 보호 문제가 커졌고 AI가 내린 판단에 대한 책임이 누구에게 있는지도 명확하지 않다. AI가 잘못된 정보를 기반으로 결정을 내렸을 때 그 결과의 책임이 어디에 있는지는 여전히 논쟁 중이다. 에이전트 AI 시대에는 기술보다 '책임의 주체'를 어떻게 정의할지가 더 중요한 화두가 되고 있다.

이러한 변화는 단순히 기술 발전을 넘어 사회적 전환을 의미한다. 에이전트 AI의 등장은 인간이 반복적인 업무로부터 벗어나 '왜 이 일을 하는가'를 다시 고민하게 만드는 계기가 된다. 우리는 이제 AI에게 명령을 내리는 사람이 아니라 함께 일하는 동료를 관리하고 조율하는 사람으로 변화해야 한다. AI가 도구를 넘어 협업 파트너로 자리 잡게 되면 인간은 더 창의적이고 전략적인 사고에 집중할 수 있다. 이 변화는 먼 미래의 일이 아니다. 이미 우리의 이메일함과 일정표, 그리고 스마트폰 속에서 조용히 그러나 꾸준히 그 시대의 문이 열리고 있다. 에이전트 AI는 더 이상 실험적 기술이 아니다. 그것은 인간의 일과 사고 방식을 바꾸는 새로운 파트너이자 디지털 세상 속에서 함께 성장해갈 '스스로 일하는 동료'이다.

피지컬 AI – 움직이는 AI의 시대

AI는 오랫동안 '보이지 않는 기술'로 여겨져 왔다. 컴퓨터 속에서 데이터를 분석하고, 글을 쓰고, 이미지를 생성하는 일은 모두 디지털 세계 안에서 일어났다. 그러나 최근 들어 AI가 그 경계를 벗어나 현실 공간으로 나오는 현상이 본격화되고 있다. 바로 '피지컬 AI'의 등장이다. 피지컬 AI란 말 그대로 AI가 물리적 형태로 구현되어 현실 세계에서 움직이고 작동하는 AI를 뜻한다. 눈앞에서 몸을 움직이며 행동으로 사고를 표현하는 AI, 즉 인간의 손발을 대신하는 지능형 기계다.

이전의 로봇은 주어진 명령만 반복하는 단순한 기계였다. 벽을 만나면 멈추고, 일정한 경로를 따라 움직이는 수준이었다. 하지만 지금의 로봇은 다르다. 스스로 주변을 인식하고, 상황을 판단해, 가장 효율적인 행동을 결정한다. 최신 로봇 청소기는 카메라와 센서를 이용해 집 구조를 스스로 학습하고, 가구 배치를 인식한 뒤 최적의 청소 경로를 계산한다. 단순한 기계가 아니라 감각과 판단을 겸비한 존재로 진화하였다. 이 시스템이 바로 피지컬 AI의 전형이다.

가장 발전된 형태의 피지컬 AI는 자율주행차다. 차량에 장착된 카메라, 레이더, 초음파 센서가 주변의 차량, 보행자, 신호등, 도로 상황을 실시간으로 인식한다. 그 데이터를 AI가 종합적으로 분석해 주행 경로를 결정하고, 속도를 조절하며, 위험을 예측한다. 운전자가 핸들을 잡지 않아도 차량은 스스로 판단해 목적지까지 이동한다. 이러한 자율주행 기술은 단순히 교통수단의 혁신이 아니라, AI가 물리적 공간에서 자율적으로 사고하고 행동하는 첫 번째 사례로 평가된다.

공장과 물류 산업에서도 피지컬 AI의 역할은 점점 커지고 있다. 과거의 산업용 로봇은 용접, 조립, 포장 같은 단순 반복 작업에 머물렀지만, 이제는 카메라와 비전 AI를 이용해 사물을 인식하고 분류한다. 색상, 형태, 크기, 불량 여부를 스스로 판별해 각 라인으로 옮긴다. 특히 최근 등장한 협동로봇 (co-bot)은 사람과 같은 공간에서 함께 일하며, 사람의 손동작이나 말에 반응해 작업을 보조한다. 위험하거나 반복적인 일을 대신해주면서도, 사람의 움직임을 감지해 충돌을 피하는 수준까지 발전했다.

이러한 기술은 일상 속에서도 빠르게 확산되고 있다. 병원 복도에서 약품을 배달하는 로봇, 빌딩을 돌아다니며 길을 안내하는 로봇, 노인에게 말을 걸며 대화를 나누는 돌봄 로봇 등이 대표적이다. 이들은 단순히 움직이는 기계가 아니라, 사람의 언어를 이해하고, 행동을 감지하며, 상황에 맞춰 반응하는 지능형 존재다. 돌봄 로봇은 사용자의 표정이나 목소리 톤을 분석해 감정 변화를 감지하고, "기분이 안 좋아 보이네요. 산책할까요?"라고 제안한다. 기술이 인간의 생활 속 깊숙이 들어와 있다.

이렇게 피지컬 AI가 가능해진 이유는 '지각형 AI'의 발전 덕분이다. 피지컬 AI는 스스로 움직이려면 세상을 인식할 수 있어야 한다. 카메라, 마이크, 촉각 센서, 자이로센서 같은 장치가 인간의 눈, 귀, 손의 역할을 대신하고, 지각형 AI가 그 데이터를 처리해 의미를 이해한다. 자율주행차의 카메라는 단순히 이미지를 찍는 게 아니라 신호등 색을 구별하고 차선을 인식하며 보행자의 움직임을 예측한다. 이렇게 '지각형 AI'가 눈과 귀가 되고 '피지컬 AI'가 몸과 손발이 되어 움직인다. AI는 감각과 행동의 두 축을 동시에 확보하며 인간에 한층 가까워지고 있다.

이 변화는 노동의 개념까지 바꾸고 있다. 물류센터에서 물건을 분류하고 운반하는 일을 로봇이 대신하면서 사람은 관리와 계획 중심의 일로 이동한다. 농업에서는 드론과 자율주행 트랙터가 논밭을 관리하고 의료 현장에서는 수술 보조 로봇이 정밀하게 절개를 수행한다. 수술 로봇은 의사의 손 움직임을 실시간으로 학습하고 사람보다 정밀한 미세 조작을 가능하게 한다. 피지컬 AI가 인간의 신체 능력을 확장하고 때로는 대체하고 있다.

또한 가정에서도 피지컬 AI는 점점 친숙한 존재가 되고 있다. 로봇청소기, 창문 닦는 로봇, 잔디 깎는 로봇, 자동 주방기기 등은 이미 생활 속에 자리 잡았다. 여기에 생성형 AI가 결합하면 훨씬 더 똑똑해진다. 주방 로봇이 "오늘 냉장고에 있는 재료로 만들 수 있는 메뉴를 추천해줘"라는 말에 반응하여 생성형 AI가 레시피를 작성하고 피지컬 AI가 조리를 시작하게 된다. 이런 융합은 곧 가정 내 에이전트 AI와 피지컬 AI가 융합한 일상화로 이어지게 된다.

피지컬 AI의 진화는 인간과 기계의 관계를 재정의한다. 과거엔 사람이 기계를 조작했지만 앞으로는 기계가 인간과 협업하는 시대로 간다. 인간이 지시하지 않아도 AI가 상황을 스스로 해석하고 필요한 행동을 수행한다. 이는 단순한 기술 발전이 아니라 AI가 현실 세계에서 자율적으로 존재하게 된다는 의미다.

이와 동시에 윤리적 문제도 새롭게 대두된다. 피지컬 AI가 잘못된 판단을 내리면 물리적 피해가 직접 발생하기 때문이다. 자율주행차의 오작동, 산업 로봇의 충돌, 의료 로봇의 오류는 단순한 데이터 오류를 넘어 생명과 안전에 직결된다. 따라서 피지컬 AI의 발전에는 반드시 안전성과 책임의 문제를 함께 다뤄야 한다. '누가 통제할 것인가', '사고의 책임은 누구에게 있는가' 같은 질문이 이미 산업 전반의 과제가 되고 있다.

피지컬 AI는 단순한 '기계'가 아니라 인간과 공간을 공유하며 함께 일하고 살아가는 동반자이다. 사람의 감정을 읽고 필요를 예측하며 공동의 목표를 수행하는 형태로 진화하고 있다. 노년층의 일상 동반 로봇은 건강 데이터를 지속적으로 모니터링하고 이상 징후를 감지하면 가족이나 의료기관에 알린다. 단순한 기능 수행이 아니라 인간의 삶을 이해하고 돌보는 수준으로 나아가는 중이다.

이처럼 피지컬 AI는 두뇌와 신체가 결합한 지능체라 할 수 있다. 생성형 AI가 생각과 언어를 만들어내는 존재라면 피지컬 AI는 그 생각을 행동으로 옮기는 존재다. 이 두 영역이 만나는 지점에서 진정한 '자율형 AI 시대'가 열린다.

통합을 향한 여정

과거 AI의 발전은 지각형 AI에서 시작되었다. 이후 생성형 AI가 등장하며 AI의 역사는 혁명적으로 바뀌었다. 가장 주목받는 다음 단계는 에이전트 AI이다. 단순한 생성이나 답변을 넘어 스스로 목표를 설정하고 추론하여 여러 도구를 사용하여 복잡한 작업을 자율적으로 실행할 수 있는 AI이다. 이 에이전트 AI가 현실 세계로 그 영역을 확장한 것이 바로 피지컬 AI이다.

네 가지 유형 AI는 시간 순으로 명확하게 나누어 발전하지는 않는다. 게다가 이 네 가지는 점점 하나로 통합되고 있다. 생성형 AI를 핵심 두뇌로 활용하여 에이전트 AI를 통해 디지털 세계의 복잡한 업무를 자동화하고, 더 나아가 피지컬 AI를 통해 로봇, 자율주행 등 현실 세계를 직접 변화시키는 기술로 연구와 관심이 가장 집중되고 있다. 이들은 단순히 데이터를 처리하는 것을 넘어 직접 행동하고 실행하는 AI로의 진화를 의미한다. 우리가 지금 목격하는 변화는 바로 그 통합을 향해 가는 길 위의 풍경이다. 피지컬 AI는 그 여정의 가장 가시적인 증거이자 AI가 인간의 세계로 한 걸음 더 들어온 실체이다.

피지컬 AI는 현재 AI 기술을 선도하는 세계 주요국과 빅테크 기업들이 가장 큰 관심과 투자를 집중하고 있는 핵심 전략 기술이다. 그럼에도 우리나라는 인프라 투자와 준비 부족으로 경쟁력이 뒤쳐진 상태였다. 이에 따라 AI와 제조업 중심의 산업 혁신 추진에 제동이 걸려 있었다. 이런 상황에서 2025년 APEC 정상 회의 기간 중 최신형 AI GPU (Graphics Processing Unit, 그래픽 처리 장치) 26만 장을 확보하였다. 이는 국내 기존 보유량의 5배 이상이며 심지어 정부가 2030년까지 목표했던 20만 장을 초과한 수준이다.

GPU는 원래 화면의 그래픽을 빠르게 계산하기 위해 만들어졌으나 병렬 계산 능력이 주목받으면서 AI에도 중요한 기반 기술로 확장되었다. 대규모 GPU 확보는 전 세계적으로 공급이 부족한 상황에서 국가 AI 경쟁력을 비약적으로 끌어올릴 수 있는 중대한 진전으로 평가된다. 우리는 강력한 제조업 경쟁력을 기반으로 정부가 전략 분야로 선정한 피지컬 AI의 개발 기반을 마련하였다. 또한 AI 인력 양성과 기술 개발에 가속도가 붙어 AI 3대 강국을 실현하려는 국가 목표에 결정적인 전환점이 될 것으로 기대되고 있다.

4. 10년 안에 AI가 가져올 10대 변화

AI는 더 이상 미래의 이야기가 아니다. 이미 우리의 일상 속으로 깊숙이 들어와 있다. 앞으로 10년 안에는 우리가 상상하기 어려울 정도로 생활과 사회 구조를 바꾸어 놓을 가능성이 크다. 그 변화는 단순히 편리함을 높이는 수준을 넘어, 교육과 의료, 교통과 정치, 심지어 인간의 정체성에까지 영향을 미친다. 여기서는 AI가 불러올 10대 변화를 세 가지 큰 흐름으로 나누어 예측해 보고자 한다. 우선 개인의 삶을 바꾸는 변화, 다음으로 일과 사회 시스템의 재편, 마지막으로 민주주의와 인간관계에까지 확장되는 흐름이다. 이 예측은 무조건 이렇게 된다는 것은 아니다. 기술의 진보와 인간의 판단에 따라 어떤 것은 예측을 훨씬 뛰어 넘기도 하고 그보다 뒤쳐지는 상황도 있을 수 있다. 이 예측을 통해 다가오는 변화에 적응하고 준비하는 감수성을 키우는 기회로 이어지기를 바란다.

part 1. 개인의 삶을 바꾸는 변화

가장 직접적이고 피부에 와닿는 변화는 개인의 일상에서 시작된다. 무엇을 먹을지, 어떻게 공부할지, 건강을 어떻게 관리할지, 다른 나라 사람과 어떻게 소통할지 등 우리가 매일 마주하는 문제들이 AI로 인해 달라진다. 개인의 선택이 더 정교해지고, 학습과 치료가 맞춤형으로 바뀌며, 언어의 장벽도 허물어지게 된다.

초개인화 서비스

불과 몇 년 전까지만 해도 "개인화 서비스"라는 말은 온라인 쇼핑몰에서 "이런 상품도 함께 보셨나요?"라는 추천 문구나, 동영상 플랫폼에서 비슷한 영상을 자동으로 이어주는 기능 정도를 떠올리게 했다. 그러나 앞으로 10년 이내의 개인화는 이런 단순한 차원을 훨씬 뛰어넘는다. 그것은 더 이상 '추천'이 아니다. 나의 일상과 취향 심지어 기분과 건강 상태까지 읽어내어 나를 가장 잘 아는 조언자가 될 것이다.

지금은 점심시간에 스마트폰을 열어 맛집 앱에서 메뉴를 고르고 별점과 리뷰를 비교해가며 식당을 찾는다. 하지만 미래에는 상황이 완전히 달라진다. 출근길의 걸음 수, 아침에 마신 커피, 전날 늦게 잔 수면 기록, 그리고 오늘 오후 예정된 회의까지 고려해 AI가 알아서 가장 적절한 점심 메뉴를 제안한다. '기름진 음식보다는 가벼운 샐러드가 어울린다'고 권하거나, '오후에 집중할 일이 많으니 혈당을 안정적으로 유지할 수 있는 음식을 추천'한다. 지금은 이런 기능이 일부 서비스에서 초보적인 형태로 작동하고 있다. 언젠가는 생활 전반에 걸쳐 당연한 풍경이 된다.

금융 분야에서도 변화는 뚜렷하다. 지금은 사용자가 은행 앱을 열어 적금 상품이나 대출 조건을 비교해야 한다. 앞으로는 AI가 사용자의 수입 패턴, 소비 습관, 생활 목표를 분석해 가장 적절한 금융 계획을 자동으로 제시한다. "당신은 3년 후 자녀 유학을 계획하고 있으니, 이번 달부터 일정 금액을 이 상품에 투자하면 가장 안정적입니다"라는 식으로 개인 맞춤형 금융 설계가 기본이 된다. 전문가와 직접 상담하지 않아도 AI가 마치 전속 재무 설계사처럼 움직여준다.

이런 변화는 의료 영역에서 특히 큰 파급력을 보여준다. 과거의 건강 검진은 일회성 이벤트였다. 앞으로는 스마트워

치나 센서가 실시간으로 수집하는 건강 데이터를 AI가 분석해 매 순간 개인 맞춤형 피드백을 제공한다. 혈압이 평소보다 높아지면 저염식 레시피를 제안하거나 수면 패턴이 불규칙해지면 일정을 조정하라는 메시지를 준다. 의료진은 이 데이터를 기반으로 환자를 더 정밀하게 이해하고 진료 또한 맞춤형으로 제공하게 된다.

이처럼 초개인화 서비스는 단순히 편리함을 제공하는 수준을 넘어서 사람들의 생활 습관과 선택을 근본적으로 변화시킨다. 중요한 점은 이런 개인화가 더 정교해질수록 '선택의 피로'가 줄어든다는 것이다. 지금은 수많은 앱과 정보 속에서 어떤 결정을 내려야 할지 고민하는 데 많은 시간을 쓰지만 미래에는 AI가 선택 과정을 미리 좁혀주고 나에게 가장 적절한 몇 가지 선택만 제시한다. 소비자는 불필요한 비교와 검색에 시간을 쓰지 않고 더 본질적인 활동에 집중할 수 있게 된다.

물론 이런 변화에는 우려도 따른다. 개인화가 지나치게 심화되면 '정보 거품' 속에 갇히거나 AI가 나의 선택권을 지나치게 제한할 수 있다는 지적이다. 예컨대 이 사람에게는 이런 정보만 보여주는 게 최적'이라는 알고리즘 판단이, 결국은 나의 시야를 좁히고 다양성을 차단할 수 있다. 따라서 초개인화 시대에는 단순히 '정확한 추천'만이 아니라 '균형 잡

힌 다양성'을 함께 제공하는 것이 중요한 과제로 떠오른다.

앞으로 10년 내의 초개인화 서비스는 단순한 기술적 진보가 아니라 인간의 생활 방식을 근본적으로 바꾸는 흐름이 된다. AI가 나를 관찰하고 이해하며 때로는 내가 알지 못했던 욕구와 필요까지 알려주는 시대에 중요한 것은 그 과정에서 내가 주도권을 어떻게 지킬 것인가 하는 문제다. 편리함을 누리되 스스로의 선택과 개성을 잃지 않는 균형이야말로 초개인화 시대를 현명하게 살아가는 핵심 역량이다.

자동통역과 다국어 소통

언어의 장벽은 인류 역사에서 늘 가장 큰 장애물 중 하나였다. 외국어를 배우는 데는 수년의 노력이 필요하고, 전문 통역가는 한정적이며 비용도 만만치 않다. 하지만 앞으로 10년 안에 이 장벽은 눈에 띄게 낮아질 전망이다. 자동통역 기술이 지금보다 훨씬 정교해져, 마치 서로 같은 언어를 쓰는 것처럼 자유롭게 소통할 수 있는 시대가 다가오고 있다.

현재도 번역 애플리케이션이나 실시간 통역 장치가 존재한다. 하지만 아직은 문장 구조가 어색하거나 맥락을 놓치는 경우를 종종 경험한다. 그러나 AI가 언어를 이해하고 생성하는 수준은 빠르게 발전하고 있다. 최근에는 문장만이 아니라 맥락이나 느낌, 그리고 감정까지 파악하는 단계에 들어섰다.

앞으로는 더 자연스러워져서 사람이 직접 다른 언어를 배우지 않아도 거의 불편함 없이 대화를 이어갈 수 있게 된다.

이 변화는 일상생활을 크게 바꿔놓는다. 출장을 떠나 해외에서 현지 파트너와 회의할 때 별도의 통역 없이도 스마트폰을 통해 상대방의 말을 실시간으로 듣게 된다. 동시에 내가 하는 말도 즉시 변환되어 상대방에게 전달된다. 통역이 끼어들지 않으니 대화나 협상, 토론이 훨씬 매끄럽게 진행된다.

여행에서도 효과는 크다. 해외 여행 시 언어 장벽 때문에 식당에서 주문을 망설이거나 길을 묻는 데 어려움을 겪는 일을 종종 겪는다. 자동통역 기술이 일상화되면 단말기를 켜거나 특별히 조작할 필요가 없다. 내가 휴대폰을 들고 상대방과 이야기하면 곧바로 번역이 이루어지고 때로는 시각 정보를 인식해 메뉴판이나 안내판까지 자동으로 번역해 보여준다. 여행자는 현지어를 몰라도 현지인처럼 행동할 수 있게 된다.

더 나아가 국제 협업 환경에서도 커다란 변화가 예상된다. 지금까지 글로벌 기업들은 영어라는 공용어를 기준으로 협업을 진행해왔다. 미래에는 굳이 영어에 의존할 필요가 없다. 각자 모국어를 사용해도 AI가 실시간으로 의미를 연결해 주기 때문에 언어 능력보다 아이디어와 전문성이 더 중요한 시대가 된다. 이는 영어를 모국어로 사용하지 않는 국가와 개인들에게 특히 유리하다. 그동안 언어의 불리함 때문에 기회를 놓쳤던 이들이 훨씬 더 넓은 무대에서 활동할 수 있게 된다.

다만, 언어 장벽이 사라진다고 해서 모든 문제가 해결되지는 않는다. 번역이 아무리 완벽해도 문화적 맥락이나 사회적 관습까지 자동으로 이해되는 것은 아니다. 어떤 표현은 직역하면 전혀 다른 뉘앙스를 전달하거나 특정 사회에서 금기시되는 단어일 수도 있다. 따라서 자동통역 시대에는 언어 능력보다 문화적 감수성이 더 중요해진다. '말을 이해하는 것'과 '상대를 이해하는 것'은 여전히 다르다는 점을 잊지 말아야 한다. 또 하나 고려해야 할 점은 정보 보안이다. 실시간 자동통역이 가능하려면 대화 데이터가 클라우드로 전송되고 분석되는 과정이 필요하다. 이때 민감한 대화 내용이 외부에 노출될 수 있다는 우려가 따라온다. 따라서 기업 협상이나 법률 상담과 같은 중요한 대화는 별도의 보안 기술과 함께 쓰여야 한다.

자동통역과 다국어 소통의 발전은 단순한 기술 편의가 아니라 인간 사회의 구조적 변화를 이끌 것으로 예상된다. 언어가 더 이상 교류의 벽이 되지 않는다면 우리는 서로 다른 문화와 배경을 가진 사람들과 훨씬 더 자유롭게 연결될 수 있다. 협업과 교류의 폭이 넓어지고 글로벌 사회의 장벽이 허물어지면서 새로운 기회가 폭발적으로 증가하게 된다. 다만 기술의 힘에만 의존하지 않고 문화적 이해와 보안 문제를 함께 고려해야 진정한 소통의 시대가 열리게 된다.

맞춤형 교육 혁명

교육은 오랫동안 '한 교실, 한 교사, 다수의 학생'이라는 틀 안에서 진행돼 왔다. 모든 학생은 동일한 교재와 동일한 수업 속도 그리고 동일한 시험으로 평가받았다. 하지만 누구나 알듯이 학생마다 이해력과 흥미, 배움의 속도는 다르다. 어떤 학생은 수학 문제를 금세 이해하는 반면 다른 학생은 같은 문제를 이해하는 데 시간이 더 걸린다. 지금까지의 교육은 이런 차이를 충분히 반영하기 어려웠다. 그러나 AI는 교육의 방식을 '개인 맞춤형 학습'으로 바꾸게 한다.

이미 일부 플랫폼에서는 AI 기반 학습 서비스가 시작되고 있다. 학생이 문제를 풀 때마다 정답 여부와 풀이 시간을 기록하고 AI가 그 데이터를 분석해 학생이 어떤 유형에 약한지 파악한다. 이후 그 학생에게 필요한 맞춤형 문제를 제시하거나 이해가 부족한 개념을 다시 설명한다. 마치 학생마다 전속 과외 교사가 붙어 있는 것과 비슷한 효과다. 앞으로는 이 수준이 훨씬 더 정교해질 전망이다. 학생의 표정과 목소리 톤까지 인식하여 집중도가 떨어지면 난이도를 조정하거나 동기 부여를 시도하는 것도 가능해진다.

이럴 경우 교사의 역할도 달라진다. 지금까지 교사는 주로 교과 내용을 전달하는 사람이었다. 앞으로는 학생 개개인에게 필요한 학습 환경을 설계하고 학습 과정에서 발생하는 정서적 문제를 돕는 학습 코치가 된다. 지식 전달은 AI가 맡고 사람 교사는 학생의 마음을 살피고 창의적 사고와 협력 능력을 길러주는 데 집중하게 된다. 이는 교육 현장에서 교사의 부담을 줄이고 더 인간적인 교육을 실현하는 데 기여할 수 있다.

맞춤형 교육의 가장 큰 장점은 교육 격차를 줄일 수 있다는 점이다. 지금까지는 지역, 가정 형편, 부모의 교육 수준 등에 따라 학생이 받을 수 있는 지원이 크게 달랐다. 하지만 AI가 제공하는 맞춤형 학습 노구가 널리 보급되면 누구나 개인 수준에 맞는 교육을 받을 수 있다. 시골 마을에 사는 학생도 도시 명문학교 학생과 비슷한 수준의 학습 지원을 온라인으로 받을 수 있다. 이는 교육 불평등을 해소하고 사회 전반의 기회 균등을 확대하는 중요한 변화를 이끌 수 있다.

그러나 맞춤형 교육이 만능은 아니다. 지나치게 개인화된 학습은 학생이 또래와 함께 배우며 성장하는 경험을 줄일 수 있다. 실제 학교 교육은 단순히 지식을 습득하는 과정이 아니고, 친구와 협력하고 경쟁하며 사회성을 기르는 장이기도 하다. 따라서 '개인 맞춤 학습'과 '집단 학습 경험'을 어떻게 균형 있게 설계할 것인가를 고민해야 할 지점이다.

또 하나 고려해야 할 점은 데이터 활용 문제다. 맞춤형 교육을 위해서는 학생의 학습 기록, 감정 상태, 심지어 생체 신호까지 수집될 수 있다. 이런 데이터가 외부로 유출되거나 상업적으로 오·남용될 경우 심각한 사회적 문제가 될 수 있다. 따라서 교육 분야에서 AI를 활용할 때는 반드시 개인정보 보호와 윤리적 원칙을 함께 고민해야 한다.

미래의 교실은 지금과 전혀 다른 모습으로 변화한다. 학생들은 AI가 제공하는 맞춤형 학습을 통해 자신에게 꼭 맞는 속도로 공부하며 교사는 이 과정을 총괄하는 코치로서 학생의 성장을 돕는다. 학습 격차는 줄어들고, 교육의 질은 높아지며, 학생들은 더 자신감 있게 미래를 준비할 수 있다. 다만 기술적 편리함 속에서도 인간적인 만남과 공동체적 경험을 잃지 않으면서 데이터 윤리를 지켜내는 것이 진정한 교육 혁명을 완성하는 조건이다.

의료 혁신

의료 분야에서 AI의 발전은 단순한 편의 수준을 넘어 인간의 생명과 직결된 혁신을 가져올 가능성이 크다. 앞으로는 지금과는 전혀 다른 방식의 진료와 치료를 경험하게 될 가능성이 크다.

가장 두드러진 변화는 '조기 진단'이다. 지금까지 암, 치매, 심혈관 질환 같은 질병은 증상이 뚜렷하게 나타난 뒤에야 발견되는 경우가 많았다. 하지만 AI는 의료 영상, 유전자 정보, 생활 데이터를 종합적으로 분석해 사람이 놓칠 수 있는 미세한 징후까지 감지할 수 있다. 단순 엑스레이 사진에서 인간 의사가 보지 못한 작은 암세포 흔적을 발견하거나, 환자의 말하기 패턴을 분석해 치매 초기 신호를 잡아내는 식이다. 이렇게 질병을 훨씬 이른 시점에 발견한다면 치료 성공률은 비약적으로 높아질 수밖에 없다.

또 하나의 흐름은 '맞춤형 치료'다. 지금은 대부분의 환자가 비슷한 처방을 받는다. 같은 병이면 대개 유사한 약, 거의 유사한 수술 방법을 적용하고 있다. 하지만 AI는 환자 개인의 체질, 생활 습관, 유전적 특성에 맞춘 치료가 가능해진다. 같은 암 환자라도 어떤 사람에게는 특정 항암제가 효과적이지만 다른 사람에게는 부작용이 심할 수 있다. AI는 방대한 임상 데이터를 학습해 "이 환자에게는 어떤 치료법이 가장 효과적일지"를 예측하고 의사에게 제안한다. 이는 의학을 획일적인 표준 치료에서 개인화된 정밀 의료로 이동시키는 핵심 동력이 된다.

의료 현장에서도 변화가 크다. 지금까지 병원 진료는 예약, 접수, 검사, 결과 확인 등 여러 단계로 나뉘어 번거로웠다. 앞으로는 AI가 환자의 데이터를 사전에 분석해 진료 전에 필요한 검사와 치료 옵션을 제시할 수 있다. 환자가 증상을 앱에 입력하면 AI가 이를 분석해 '혈액 검사와 초음파 검사가 필요하다'는 식으로 미리 안내하고, 의사는 이미 정리된 정보를 바탕으로 환자를 진료한다. 환자의 대기 시간은 줄고 의사는 더 중요한 의사결정과 치료에 집중할 수 있게 된다.

물론 의료 혁신에도 위험은 따른다. 환자의 의료 정보는 가장 민감한 개인정보 중 하나인데 AI 분석 과정에서 이 데이터가 유출되거나 악용될 가능성도 존재한다. 따라서 의료 AI의 발전은 반드시 철저한 보안 체계와 윤리적 기준을 전제로 해야 한다. 또한 AI의 분석 결과가 항상 옳은 것은 아니므로 최종 판단은 여전히 인간 의사가 내려야 한다는 원칙도 지켜져야 한다.

미래 의료의 모습은 지금보다 훨씬 더 개인화되고, 빠르고, 효율적이 된다. 환자는 병이 깊어지기 전에 치료 기회를 얻고 의사는 더 많은 환자를 효과적으로 돌볼 수 있다. 그러나 기술이 아무리 발전해도 환자가 의사에게 기대하는 공감과 위로 같은 인간적인 돌봄은 대체될 수 없다. 따라서 미래 의료의 핵심은 AI와 의사가 서로의 강점을 보완해 환자에게 최선의 치료를 제공하는 '협력적 의료'이다.

part 2. 일과 사회를 재편하는 변화

개인의 생활이 변하면 일터와 사회 구조도 달라지기 마련이다. 개인의 변화가 사회를 재편하는 동력이 된다. AI는 단순한 반복 업무를 대신하면서 사람의 역할을 재정의하고, 누구나 창작자가 될 수 있는 문화를 열며, 교통과 생활 자동화를 통해 도시의 운영 방식까지 바꾸어 놓는다.

일자리 재편과 협업 방식 변화

인류는 새로운 기술이 등장할 때마다 일자리에 대한 불안과 기대를 동시에 경험해 왔다. 증기기관이 처음 나타났을 때도, 컴퓨터가 보급되던 시기에도 '사람의 일자리가 사라진다'는 두려움은 늘 따라붙었다. AI 역시 예외는 아니다. 하지만 우리가 맞이할 일자리 변화는 단순히 일자리가 없어지는 차원이 아니다. 일의 성격과 협업 방식 자체가 달라지는 흐름이라고 보는 것이 더 정확하다.

현재 AI는 주로 반복적이고 규칙 기반의 업무를 빠르고 정확하게 처리한다. 단순한 데이터 입력, 고객 상담의 초기 응대, 기초 보고서 작성 같은 일들이 대표적이다. 실제로 이미 많은 기업들이 AI 챗봇을 활용해 고객센터를 운영하거나 회계 프로그램에 자동 분류 기능을 도입해 단순 회계 업무를 대체하고 있다. 앞으로 이런 업무는 더욱 자동화되어 사람이 직접 처리할 필요가 거의 없어질 가능성이 크다.

그렇다고 해서 사람이 일자리에서 밀려난다는 뜻은 아니다. 오히려 사람은 AI가 잘 할 수 없는 영역으로 이동하게 된다. 대표적인 예가 창의성, 전략적 사고, 그리고 인간적인 대인관계 능력이다. 회계사를 예로 들어보자. 지금까지는 영수증 정리나 세금 계산 같은 반복적 작업이 주 업무였다. 앞으로는 AI가 이런 작업을 처리하고 회계사는 기업 경영 전략이나 세무 위험 관리 같은 고차원적 역할에 집중하게 된다. 같은 직업이라도 '하는 일'이 완전히 달라지게 된다.

협업 방식도 크게 바뀐다. 지금까지는 사람이 중심이 되고 컴퓨터는 단순한 도구로 기능했다. 하지만 앞으로는 사람이 AI와 나란히 앉아 '동료'처럼 협업하게 된다. 디자이너는 AI와 함께 수십 가지 시안을 빠르게 시각화하고 기자는 AI를 통해 방대한 자료를 정리한 뒤 그 위에 해설과 분석을 더한다. 연구자는 AI가 생성한 가설과 데이터를 검토하면서 인간만이 할 수 있는 통찰을 덧붙인다. 이 과정에서 인간과 AI의 관계는 '주종 관계'가 아니라 '파트너 관계'로 진화한다.

이런 변화는 근무 환경 자체에도 영향을 미친다. 원격근무가 보편화되면서 이미 협업 도구의 중요성이 커졌는데, 앞으로는 AI가 회의록 작성, 발언 요약, 업무 분배까지 자동으로 처리한다. 회의에 참석한 구성원 각각의 발언을 기록하고, AI가 '오늘 결정된 과제는 이 세 가지이며, 담당자는 누구이고 기한은 언제다'라고 정리해 준다. 이렇게 된다면 회의 후 추가 조율에 드는 시간이 획기적으로 줄어든다. 협업의 효율성이 높아지게 된다.

이런 변화가 긍정적인 측면만 있는 것은 아니다. 반복적이고 단순한 업무를 중심으로 한 직업은 실제로 줄어들 수 있다. 데이터 입력원, 단순 콜센터 상담원, 기초 문서 작성 같은 직종은 수요가 크게 감소할 가능성이 높다. 이에 따라 새로운 직업 훈련과 사회적 안전망이 중요해진다. 사람들은 AI가 대체할 수 없는 역량, 즉 문제 해결력, 비판적 사고, 인간적 공감 능력을 중심으로 재교육을 받아야 한다.

또 하나 중요한 점은 '일의 만족도' 변화다. 반복 업무에서 해방된다고 해서 모두가 만족하는 것은 아니다. 어떤 사람에게는 단순 작업이 안정감을 주는 일이기도 했다. 따라서 앞으로의 사회는 '일의 의미'를 새롭게 정의해야 하는 과제에 직면한다. AI와의 협업이 사람의 노동을 단순히 줄이는 방향이 아니라, 더 보람 있고 창의적인 일로 재편되도록 설계하는 것이 필요하다.

앞으로의 직장은 지금과 완전히 다른 풍경으로 예상된다. '사람이 하는 일'과 'AI가 하는 일'이 뚜렷하게 구분되지 않고 서로의 강점을 보완하며 함께 일하는 구조가 보편화된다. 중요한 것은 기술의 변화에 휘둘리지 않고 AI와 협업할 수 있는 능력을 스스로 길러나가는 일이다. 일자리의 재편은 위기이자 기회다. 변화의 파도를 두려워하기보다는 AI와 나란히 설 수 있는 새로운 역량을 어떻게 갖출 것인지가 경쟁력의 핵심이 되고 있다.

미디어와 콘텐츠의 폭발

콘텐츠 제작은 오랫동안 전문가의 영역이었다. 영화를 찍으려면 거대한 장비와 예산, 수많은 인력이 필요했다. 음악을 만들려면 스튜디오와 전문 기술이 요구되었다. 글쓰기도 작가나 기자처럼 직업적 훈련을 거친 사람들이 주도해 왔다. 하지만 이런 역할 구분은 점점 희미해지고 있다. AI가 누구나 창작자가 될 수 있는 시대를 열어 주고 있기 때문이다.

이미 지금도 생성형 AI는 텍스트, 이미지, 영상, 음악을 만들어낸다. 소설 초안을 뚝딱 쓰거나, 몇 초 안에 광고용 영상을 제작하거나, 특정 분위기의 음악을 자동으로 작곡하는 도구들이 나오고 있다. 그러나 아직은 결과물이 어색하거나 인간 창작자의 세밀한 감각을 완전히 따라오지 못한다는 한계가 있다. 앞으로 이 격차는 점점 줄어들어 전문가가 아니더라도 누구든 고품질의 콘텐츠를 쉽게 제작할 수 있는 환경으로 변화하고 있다.

지금은 전문 창작자와 소비자가 뚜렷하게 나뉘어 있지만, 앞으로는 누구나 생산자이자 소비자가 되는 '프로슈머(prosumer)'가 된다. 어떤 사람은 퇴근 후 AI를 활용해 음악을 작곡하고 또 다른 사람은 자신의 여행 사진을 기반으로 단편 영화를 만든다. 이는 콘텐츠의 다양성과 풍요로움으로 이어지고 문화의 저변을 크게 확대한다. 한 사람이 '중세 판타지 세계를 배경으로 한 애니메이션'을 상상만 하면 AI가 이를 시각화해 애니메이션으로 완성해 준다. 제작비와 인력이 부족해도 상상력만 있으면 창작이 가능해지고 있다.

이는 미디어 산업 전체에 파급력을 미친다. 지금까지는 방송국, 대형 영화사, 출판사 같은 기관이 콘텐츠 유통을 장악했다. 하지만 미래에는 개인이 AI 도구를 활용해 영화, 음악, 책을 직접 만들어 전 세계에 배포할 수 있다. 이미 유튜브나 틱톡 같은 플랫폼이 콘텐츠 유통의 변화를 주도하고 있으며 더욱 거센 흐름이 되고 있다.

하지만 동시에 문제도 따른다. 누구나 콘텐츠를 만들 수 있게 되면 시장에는 엄청난 양의 작품이 쏟아져 나온다. 좋

은 콘텐츠가 묻히기 쉽고 저작권과 표절 문제도 새로운 양
상으로 등장한다. 실제로 'AI가 만든 그림이 과연 누구의 저
작물인가'라는 논란은 이미 시작되었다. 따라서 10년 후 미
디어 환경에서는 '창작 능력' 자체보다는 '기획력과 독창성'
이 더 중요해진다. 수많은 콘텐츠 속에서 주목받으려면, 단순
히 AI로 무언가를 만드는 것을 넘어, 어떤 이야기를 담을지,
어떤 방식으로 사람들과 소통할지가 핵심 경쟁력이 된다.

또 하나의 변화는 개인화된 콘텐츠 경험이다. 지금은 이
용자가 유튜브나 넷플릭스에서 추천 알고리즘을 통해 영상
을 선택한다. 하지만 아예 '나만을 위한 콘텐츠'가 생성되는
미래가 올 수도 있다. 어떤 사람은 자신이 좋아하는 배우와
특정 배경을 조합한 맞춤형 드라마를 감상할 수 있다. 또 다
른 사람은 자신이 직접 등장인물이 되어 전개되는 소설이나
게임을 즐길 수 있다. 콘텐츠 소비와 창작의 경계가 허물어
지면서 문화 경험은 더욱 몰입적이고 개인화된 방향으로 진
화한다.

미래의 미디어와 콘텐츠 환경은 '폭발적 다양성'과 '맞춤
형 창작'이라는 두 가지 키워드로 요약할 수 있다. 누구나 창
작자가 되고 그 결과물은 다시 개인화된 경험으로 소비된다.
이는 문화 민주화를 이끌지만 동시에 무질서와 과잉의 문제
를 동반한다. 따라서 미래의 사회는 AI가 만든 콘텐츠를 어

떻게 관리하고 어떻게 가치 있는 작품을 가려낼 것인가 하는 새로운 과제에 직면하게 된다.

교통과 이동 혁명

교통은 인간의 생활 방식을 바꾸는 가장 중요한 인프라 중 하나다. 철도가 생겼을 때, 자동차가 보급되었을 때, 비행기가 대중화되었을 때마다 우리의 생활 반경과 경제 구조는 완전히 달라졌다. AI는 교통 시스템의 근본을 뒤흔들며 또 한 번의 혁신을 만들어낼 것이다.

가장 먼저 떠오르는 것은 자율주행차다. 이미 일부 지역에서는 제한적으로 운행되고 있지만 아직은 안전성과 제도적 한계로 인해 널리 쓰이지 못한다. 그러나 언젠가는 자율주행차가 본격적으로 상용화되어 도로 위 풍경을 바꿀 가능성이 높다. 차량은 단순히 운전자의 조작에 의존하지 않고 스스로 상황을 판단하고 움직인다. 그 결과 교통사고는 획기적으로 줄어들고 도로 혼잡도 크게 완화된다. 현재 교통사고의 상당수가 운전자의 실수에서 비롯되는데 AI는 이런 위험을 최소화해 준다.

자율주행의 또 다른 의미는 이동 시간이 '자유 시간'으로 바뀐다는 점이다. 지금까지 운전자는 도로 상황에 집중해야 했다. 미래에는 차 안에서 책을 읽거나 업무를 하거나, 휴식을 취할 수 있다. 이동 자체가 스트레스가 아니라 생산성과 여유를 높이는 시간이 된다. 출퇴근 방식이 달라지고 장거리 이동의 부담도 줄어들면서 생활 패턴 전체가 변할 수 있다.

물류 시스템도 혁신을 맞는다. 자율주행 트럭과 드론 배송은 이미 시험 단계에 들어섰다. 앞으로는 '사람이 운전하는 택배 차량'이 점점 사라지고 무인 차량과 드론이 대부분의 물류를 담당하게 된다. 특히 드론은 도심의 교통 체증을 피하고 좁은 골목이나 산간 지역까지 신속하게 배송할 수 있다. 지금은 당일 배송이 빠른 서비스로 여겨지지만 10년 후에는 '몇 시간 내 배송'이 표준이 될지도 모른다.

도시 교통의 운영 방식도 근본적으로 달라진다. 지금까지는 신호등, 교통경찰, CCTV 같은 장치가 교통을 관리했다. 앞으로는 도시 전체가 AI 기반의 스마트 교통망으로 운영된다. 도로 곳곳의 센서가 차량 흐름을 실시간으로 파악하고 AI가 자동으로 신호 체계를 조정해 정체를 최소화한다. 사고나 도로 공사가 발생하면 즉시 우회 경로를 제시하고 대중교통도 수요에 맞춰 탄력적으로 배차된다. 그야말로 도시가 스스로 교통을 조정하는 '살아 있는 유기체'가 되어 움직이게 된다.

대중교통에서도 변화가 나타난다. 지금까지는 버스나 지하철이 정해진 시간표에 따라 움직였지만 미래에는 수요 기반으로 바뀐다. 어떤 지역에서 탑승 수요가 갑자기 늘면 AI가 이를 감지해 즉시 차량을 추가 배차한다. 반대로 수요가 적은 시간대에는 운행 횟수를 줄여 효율성을 높인다. 승객 입장에서는 기다림이 줄고 교통 서비스가 훨씬 유연해진다.

물론 교통 혁명에도 고민은 따른다. 자율주행차가 보편화되면 택시 기사나 트럭 운전사처럼 운전으로 생계를 이어가는 사람들의 일자리가 크게 줄어들 수 있다. 따라서 새로운 직업 훈련과 사회적 보완책이 반드시 필요하다. 또 교통 시스템이 AI에 과도하게 의존할 경우 시스템 오류나 해킹 같은 위험이 발생했을 때 피해가 대규모로 번질 가능성도 있다.

앞으로의 교통 변화는 단순히 이동 수단이 바뀌는 것이 아니라 '이동의 개념' 자체가 바뀌는 과정이다. 이동은 더 이상 피곤하고 위험한 일이 아니라 안전하고 효율적이며 심지어 즐거운 시간이 된다. 동시에 도시는 교통 효율성 덕분에 더 살기 좋은 공간으로 바뀌고 사람들은 이동의 제약에서 한층 자유로워진다. AI가 만들어낼 교통과 이동 혁명은 우리의 생활 반경과 삶의 리듬을 새롭게 설계하는 거대한 전환점이다.

생활 속 자동화 가속

집 안에서 벌어지는 수많은 일들은 사실 대부분 반복적이고 단순한 일들이다. 청소, 세탁, 장보기, 요리, 전기·가스 관리 같은 가사 노동은 하루하루 우리의 시간을 조금씩 잠식한다. AI는 바로 이 부분에서 가장 직접적인 변화를 만들어낼 가능성이 크다. 가정과 생활의 자동화는 지금보다 훨씬 더 지능적이고 체계적인 모습으로 변신하고 있다.

우선 눈에 띄는 변화는 스마트홈의 진화다. 지금도 음성으로 전등을 켜거나 로봇청소기가 집을 돌아다니는 정도의 자동화는 보편화되어 있다. 하지만 이는 어디까지나 '명령에 따라 움직이는 기계' 수준에 머물러 있다. 미래의 스마트홈은 단순 제어를 넘어 집 자체가 거주자의 생활 패턴을 학습하고 스스로 상황에 맞게 행동한다. 퇴근길에 주인의 위치를 감지해 자동으로 보일러와 조명을 켜두고 냉장고 속 식재료를 파악해 저녁 메뉴를 제안하거나 부족한 식품을 자동으로 주문하는 것도 가능해진다.

이런 변화는 단순히 편리함을 제공하는 데서 끝나지 않는다. 에너지 관리, 안전, 건강까지 아우른다. 여름철 전력 사용량이 급증할 때 AI는 집안의 에어컨 사용 패턴을 분석해 전력 피크 시간을 피해 효율적으로 가동한다. 전기 요금은 절약되고 사회 전체적으로는 에너지 낭비가 줄어든다. 또 가스밸브나 도어락은 단순히 원격 제어되는 수준을 넘어 위험 신호를 스스로 감지해 경고하거나 자동 차단하는 역할

을 한다. 이는 화재나 도난 같은 사고 위험을 크게 줄여줄
수 있다.

특히 주목할 부분은 가사 노동의 자동화다. 지금은 로봇
청소기와 식기세척기가 대표적인 기기이다. 앞으로는 요리
로봇이나 세탁 관리 로봇 같은 가사 전용 AI가 등장할 수 있
다. 아침에 일어나면 커피와 아침 식사가 준비되어 있고 하
루 종일 입었던 옷은 자동 세탁 후 정리까지 끝나 있는 생활
을 상상해 볼 수 있다. 이는 단순히 편리한 수준이 아니라 가
사 노동을 둘러싼 사회적 불평등 문제에도 영향을 미칠 수
있다. 특히 가사 노동의 비중이 큰 사람들에게는 삶의 질을
획기적으로 바꾸는 계기가 된다.

또한 생활 속 자동화는 개인 건강 관리와도 연결된다. 웨
어러블 기기와 스마트홈 시스템이 연동되어 사용자의 건강
상태에 따라 집안 환경이 자동으로 조정된다. 심박수가 높아
지면 조명이 은은하게 바뀌고 수면 패턴이 불규칙하면 방의
온도와 습도가 자동으로 조절된다. 집이 단순한 공간을 넘어
'건강을 관리하는 파트너'가 된다.

물론 이런 자동화에는 우려도 존재한다. 생활의 편리함이
커질수록 개인의 자율성과 능력이 줄어들 수 있다는 지적이
다. 모든 일을 AI가 대신하다 보면 스스로 문제를 해결하는
능력이 약해질 수 있다. 또 가정 내 수많은 기기가 연결되면

서 개인정보와 생활 패턴이 외부로 유출될 위험도 커진다. 누군가 해킹을 통해 집안 기기를 조작한다면 개인의 안전까지 위협받을 수 있다.

따라서 생활 속 자동화가 진정한 혁신이 되려면 단순한 편리함을 넘어서야 한다. 사용자가 언제든 개입할 수 있는 통제권 그리고 데이터 보안과 윤리적 원칙이 반드시 함께 마련되어야 한다. 그래야만 자동화가 인간의 삶을 구속하는 도구가 아니라 자유와 여유를 넓혀주는 조력자가 될 수 있다.

앞으로 생활 속 자동화는 '집이 스스로 관리하는 공간'으로 진화하는 과정이다. 인간은 반복적이고 사소한 일에서 해방되어 더 가치 있는 활동에 집중할 수 있게 된다. 집은 단순한 생활 공간을 넘어 건강과 안전, 그리고 에너지 관리까지 맡는 지능형 동반자가 된다. 다만 그 과정에서 기술에 대한 과도한 의존을 경계하고 균형을 찾는 지혜가 필요하다. 자동화는 편리함 그 자체가 아니라 인간이 더 인간답게 살 수 있도록 돕는 방향으로 발전해야 진정한 혁신이라고 할 수 있다.

part 3. 민주주의와 인간관계까지 확장되는 변화

AI의 영향은 생활 편의나 업무 자동화에만 머물지 않는다. 더 근본적인 차원에서 사회 제도와 인간의 정체성에 질문을 던진다. 기술이 사회와 인간을 어디까지 바꾸어 놓을 수 있을지는 미지수이다. 그럼에도 민주주의 운영 방식이 달라지고 인간과 AI의 관계 자체가 재정의되는 순간이 다가오는 것은 분명하다.

민주주의와 사회 시스템 변화

정치는 늘 복잡한 이해관계와 방대한 정보를 다뤄야 하는 영역이다. 그러나 인간 정치인은 모든 데이터를 동시에 고려하기 어렵고, 정책 결정 과정은 종종 직관이나 정치적 계산에 좌우되곤 한다. AI는 이 한계를 보완하는 도구로 자리 잡으며 민주주의와 사회 시스템을 운영하는 방식 자체를 광범위하게 바꿀 가능성이 크다.

우선 행정 영역에서 변화가 두드러질 것이다. 지금까지는 각 부처가 자료를 모으고 분석해 정책을 제안했지만, 앞으로는 AI가 실시간으로 데이터를 수집하고 시뮬레이션을 돌려 가장 효율적인 정책 옵션을 제안한다. 교통 문제를 해결하려 한다면, AI는 도시의 교통량, 대중교통 이용 패턴, 날씨, 사고 기록까지 통합해 '이 지역에 새로운 버스 노선을 도입하면 출퇴근 혼잡이 20% 완화된다'는 식의 분석을 내놓는다. 행정은 더 과학적이고 데이터 기반으로 운영되며 시민들은 보다 체감할 수 있는 결과를 얻을 수 있다.

또한 시민 참여 방식도 달라진다. 지금까지 민주주의 참여는 선거와 공청회, 그리고 청원 같은 제한적 방식에 머물렀다. 그러나 AI 기반의 플랫폼이 등장하면 시민 개개인이 정책 논의에 훨씬 쉽게 참여할 수 있다. 온라인 플랫폼에서 시민이 의견을 남기면 AI가 이를 분류·분석해 주요 쟁점을 요약하고 다양한 시나리오를 제시한다. 정치인은 방대한 의견을 효율적으로 검토할 수 있다. 시민은 '내 목소리가 실제 정책에 반영된다'는 체험을 얻는다. 이는 민주주의를 '참여형'으로 바꾸는 동력이 된다.

법률 시스템에서도 변화가 예상된다. AI는 이미 간단한 법률 상담이나 판례 검색을 돕고 있다. 앞으로는 사회적 논란이 큰 법안이나 정책이 제안될 때 AI가 과거 사례와 데이터 분석을 기반으로 예상되는 효과와 부작용을 미리 시뮬레이션해 보여줄 수 있다. 이는 정책 결정의 투명성을 높이고 이해관계자 간의 논의를 더 객관적으로 만드는 데 기여하게 된다.

이런 변화에도 중요한 고민은 따른다. 민주주의의 본질은 '사람의 선택'에 있다. 그런데 AI가 제안하는 데이터와 시뮬레이션이 지나치게 강력한 설득력을 갖게 되면 인간 정치인은 이를 그대로 따르려는 유혹에 빠질 수 있다. 그 결과는 민주주의가 AI의 권고에 종속되는 위험이 생길 수 있다. 또 시민 의견을 자동으로 분류하는 과정에서 편향이 개입된다면 오히려 특정 집단의 목소리가 왜곡되거나 배제될 가능성도 있다.

보안 문제 역시 무시할 수 없다. 정치와 행정 데이터는 사회 전체의 운명을 좌우하는 민감한 정보다. 만약 AI 시스템이 해킹당한다면 단순한 행정 차질을 넘어 국가 안보와 민주주의 자체가 위협받을 수 있다. 따라서 민주주의에 AI를 접목할 때는 투명성과 보안, 그리고 최종 의사결정권은 반드시 인간에게 있다는 원칙을 확실히 지켜야 한다.

민주주의와 사회 시스템은 데이터 기반, 참여 확대, 효율성 강화라는 긍정적 측면으로 변화하게 된다. 그러나 동시에 민주주의의 핵심 가치인 '인간의 선택과 책임'을 지켜내는 것이 더 중요해진다. AI는 더 나은 결정을 돕는 보조자일 뿐 최종적인 판단자는 언제나 시민과 정치인 자신이어야 한다. 기술과 민주주의가 건강하게 결합할 때 우리는 더 공정하고 투명한 사회로 나아갈 수 있다.

인간-AI 관계의 재정의

AI를 처음 접했을 때 사람들은 그것을 단순한 도구로 보았다. 계산기처럼 특정 작업을 빠르고 정확하게 처리하는 기계라는 인식이었다. 하지만 우리의 일상에서 AI는 더 이상 단순한 도구가 아니라, 대화 상대이자 협업 파트너, 때로는 삶을 함께 설계하는 조언자로 자리 매김할 가능성이 크다. '인간과 AI의 관계를 어떻게 정의할 것인가'가 중요한 사회적 질문으로 떠오른다.

현재도 많은 사람들은 스마트폰 속 AI 비서와 대화를 나누고 생성형 AI를 통해 글을 쓰거나 그림을 만든다. 그러나 지금 단계의 관계는 여전히 '사용자와 도구'의 수준이다. AI는 사람의 언어와 감정을 훨씬 더 정교하게 이해하고, 맥락을 읽어내며, 장기간의 대화와 경험을 기반으로 '나를 아는 존재'로 발전하고 있다. 나의 건강 기록, 생활 습관, 가치관을 학습한 AI가 "당신이 스트레스를 받을 때는 이런 선택을 하곤 했어요. 이번에는 다른 방식을 시도해보는 게 어때요?"라고 조언하는 모습은 충분히 가능하다.

이렇게 되면 인간은 AI를 단순한 기계가 아니라 '나보다 더 나를 잘 이해하는 대화 상대'로 인식하게 된다. 특히 고령자나 1인 가구가 늘어나는 사회에서 AI는 외로움을 덜어주는 정서적 동반자가 될 수 있다. 이미 노인 돌봄 로봇이 일상 대화를 나누며 정서적 안정을 돕는 사례가 나오고 있는데 앞으로는 더욱 자연스럽게 인간과 교감하는 AI가 등장할 것으로 예상된다. 다만 이는 인간관계의 대체물이 아니라 보완재여야 한다. AI와 대화를 나눈다고 해서 인간과의 관계가 줄어든다면, 오히려 사회적 고립이 심화될 수 있기 때문이다.

또한 협업 관계도 깊어진다. 직장에서 AI는 단순히 지시를 수행하는 소프트웨어가 아니라, 아이디어를 함께 발전시키는 공동 작업자가 된다. 디자이너는 AI와 함께 시안을 만들고 과학자는 AI와 함께 연구 가설을 검증하며 교사는 AI와 함께 학생 맞춤형 수업을 설계한다. 이런 협업은 인간의 창의성과 AI의 계산 능력이 결합해 어느 한쪽만으로는 불가능한 성과를 낼 수 있게 한다.

그러나 AI와의 관계가 '파트너'로 진화할수록 인간은 스스로의 정체성을 다시 묻게 된다. "내가 한 결정인지, AI가 제안한 선택을 따른 것인지" 구분이 모호해질 수 있다. 특히 중요한 의사결정에서 AI의 조언이 지나치게 영향력을 가지면 인간은 주체적 판단 능력을 잃을 위험이 있다. 따라서 앞으로의 사회는 'AI와 협업하되 최종 결정권은 인간에게 있다'는 원칙을 끊임없이 확인해야 한다.

윤리적 문제도 따른다. 만약 누군가 AI에게 과도한 애착을 가지거나, AI를 인간처럼 대우하기 시작한다면 사회적 논란이 생길 수 있다. 법적으로 AI를 '권리 주체'로 인정할 것인지, 단순한 소프트웨어로 남길 것인지에 대한 논의도 필요하다. AI가 인간의 삶 속으로 깊이 들어올수록 이러한 철학적·윤리적 측면은 더욱 중요한 논의 대상이다.

앞으로 인간과 AI의 관계는 '도구에서 동반자로' 이동할 가능성이 높다. 그러나 이 과정에서 중요한 것은 균형이다. AI를 단순히 명령으로 움직이는 기계로만 대할 필요도 없지만 인간과 동일한 존재로 착각해서도 안 된다. 인간은 여전히 감정, 가치, 사회적 책임을 지닌 존재이다. AI는 이를 보완하는 강력한 협력자일 뿐이다. 우리가 AI와 어떤 관계를 맺느냐에 따라 미래 사회의 모습은 크게 달라진다. AI와 인간의 건강한 파트너십은 기술이 아닌 '인간의 선택'에서 비롯된다.

변화를 맞는 태도

10년은 길지 않은 시간이다. 그러나 기술의 발전 속도를 고려할 때, AI가 가져올 변화는 우리의 삶을 전혀 다른 풍경으로 바꿔놓을 수 있다. 중요한 것은 그 변화를 두려워하기보다, 어떻게 받아들이고 활용할 것인지에 달려 있다. 초개인화된 생활, 새로워진 일자리, 효율적인 사회 시스템은 우리에게 기회를 줄 수 있다. 동시에 민주주의의 가치와 인간

10년 안에 AI가 가져올 10대 변화

구분	항목	결과
Part 1. 개인의 삶을 바꾸는 변화	− 초개인화 서비스 − 자동통역과 다국어 소통 − 맞춤형 교육 혁명 − 의료 혁신	− 기반 맞춤형으로 최적화 − 사라지는 언어 장벽 − 자신에게 맞는 방식으로 학습 − 질병의 조기 발견과 정밀 치료
Part 2. 일과 사회를 재편하는 변화	− 일자리 재편과 협업 방식 변화 − 미디어와 콘텐츠의 폭발 − 교통과 이동 혁명 − 생활 속 자동화 가속	− 더 창의적이고 전략적인 업무 − 콘텐츠 생산이 획기적으로 증가 − 더 안전한 이동과 효율화 − 스스로 관리되는 가정 공간

Part 3.
민주주의와
인간관계까지
확장되는 변화
	− 민주주의와 사회 시스템 변화
	− 인간과 인공지능 간의 관계
	  재정의 필요
		− 데이터 중심 행정과 시민 참여 확대
		− 인간과 AI는 상호 보완적 동반 관계
		  로 재구성

의 정체성을 지켜내야 하는 과제도 함께 따라온다. 미래는 AI가 결정하는 것이 아니라, 인간이 AI와 함께 어떤 선택을 할 것인가에 달려 있다.

5. AI가 당면한 과제

이렇듯 AI는 이미 사회의 여러 영역에서 변화를 일으키며 다양한 분야에서 새로운 가능성을 열고 있다. 하지만 그 빛이 강해질수록, 동시에 짙어지는 그림자도 생긴다. AI의 발전이 가져온 편리함 뒤에는 여전히 풀리지 않은 문제들이 있다. 데이터의 편향, 이해력의 한계, 윤리와 환경의 부담이 그 중심에 있다. 이제는 AI의 진보뿐 아니라 그로 인해 드러난 과제들에도 함께 주목해야 한다.

데이터 의존성과 편향

AI의 지능은 사람이 만든 데이터에서 출발한다. 다시 말해, AI는 세상을 스스로 경험하거나 관찰하지 못한다. 대신 우리가 기록한 데이터, 즉 인간의 언어와 행동을 담은 흔적을 학습한다. 그래서 AI의 지능은 인간 사회의 축소판이자, 때로는 그 그림자이기도 하다.

AI 모델의 성능은 학습 데이터의 양과 질에 크게 의존한다. 같은 알고리즘이라도 어떤 데이터를 학습했느냐에 따라 완전히 다른 결과가 나온다. 날씨 데이터를 이용해 농작물 수확량을 예측하는 모델을 만들 때, 특정 지역의 기후나 토양 정보가 누락되어 있다면 그 지역에선 엉뚱한 결과를 내놓는다. AI는 '스스로 부족함을 인식하는 능력'이 없기 때문에, 그 오류는 인간이 발견할 때까지 그대로 작동한다.

이 문제는 단순히 데이터가 '부족하다'는 차원이 아니다. 데이터에 이미 편향(bias)이 존재한다는 점이 더 근본적이다. 인터넷에서 수집된 텍스트, 이미지, 영상에는 사회적 편견이 무수히 스며 있다. 남녀의 역할 고정관념, 인종과 문화에 대한 선입견, 특정 직업이나 지역에 대한 왜곡된 인식이 그대로 학습 데이터로 들어간다. 이로 인해 AI는 과거의 편견을 반복 재생산하는 기술이 되기도 한다. 예컨대, 취업 지원 AI가 여성보다 남성 지원자의 이력서를 더 긍정적으로 평가하거나, 얼굴 인식 시스템이 특정 인종의 얼굴을 잘못 인식하는 사례가 그 대표적이다.

AI가 편향된 이유는 그것이 현실을 학습했기 때문이다.

인간 사회의 불균형과 불평등이 데이터 속에 반영되어 있고, AI는 그것을 사실로 받아들인다. 문제는 이 편향이 '통계적으로 합리적'인 판단처럼 보인다는 점이다. 예를 들어 과거 데이터를 기반으로 한 '범죄 예측 모델'이 특정 지역을 위험 지역으로 분류할 수 있다. 하지만 그 결과는 실제 위험을 반영했다기보다, 과거 그 지역에서 단속이 집중적으로 이루어졌던 경찰의 행동 패턴을 학습한 결과일 수 있다. AI의 편향은 사회의 편향을 강화하는 '거울 효과'를 낳는다.

그렇다면 어떻게 해야 할까? 완벽한 중립 데이터는 존재하지 않는다. 대신 인간이 개입해 데이터를 점검하고 수정해야 한다. 대표적인 방법이 '데이터 정제(cleaning)'와 '재표본화(resampling)'다. 불균형한 데이터를 균형 있게 조정하거나, 잘못된 레이블을 수정하는 과정이다. 최근에는 AI가 만든 데이터의 편향을 감시하고 수정하는 AI 윤리감사(AI Audit) 제도도 주목받고 있다. 기업 내부에 윤리 검증팀을 두어 학습 데이터의 구성과 결과물의 공정성을 주기적으로 점검하는 방식이다.

또 하나 중요한 흐름은 '데이터 다양성 확보'다. AI가 특정 언어나 문화, 환경에 치우치지 않도록 다양한 집단이 참여해 데이터를 구축하는 방향으로 전환되고 있다. 오픈AI나 구글 같은 기업들은 언어모델 학습 시 여러 국가의 언어와 문화적 맥락을 반영하기 위해 다국적 연구자와 협력한다. 이런 시도는 기술적 성능을 높이는 것 이상으로, AI가 더 넓은 세계를 이해하도록 돕는 과정이다.

AI의 품질은 기술의 문제가 아니라 데이터의 윤리적 품질의 문제다. 데이터가 왜곡되면, 아무리 정교한 알고리즘도 잘못된 판단을 내릴 수밖에 없다. AI는 인간이 보여준 세상을 그대로 배운다. 그렇다면 우리는 AI에게 어떤 세상을 가르칠 것인가? 공정하고 다양하며 사실에 근거한 데이터를 제공하는 일, 그것이 AI 시대의 새로운 교사의 역할이다.

AI의 이해력과 추론 한계

AI는 인간처럼 '이해한다'고 말하기 어렵다. 우리가 흔히 'AI가 생각한다', '이해한다'고 표현하지만 실제로 그 과정은 통계적 계산의 결과다. AI는 수많은 데이터를 학습해 패턴을 인식하고, 그 확률적 패턴에 따라 가장 가능성이 높은 답을 예측한다. '의미'를 이해한다기보다 '형태'를 맞춘다.

'하늘이 맑다'라는 문장을 AI가 인식할 때, 그 문장이 날씨와 관련된 표현이라는 사실을 진짜로 '아는' 것이 아니다. 다만 과거 수많은 문맥 속에서 '하늘이 맑다' 뒤에는 '기분이 좋다'나 '산책하기 좋다' 같은 문장이 자주 등장했다는 통계적 규칙을 학습했을 뿐이다. AI의 사고는 문맥의 연결성을 계산하는 데 탁월하지만 문장 속 '의도'나 '정서'를 느끼지 못한다.

이 한계는 '이해'와 '추론'의 차이에서 분명해진다. 인간은 상황의 맥락과 목적, 그리고 경험을 바탕으로 새로운 결론을 도출한다. 반면 AI의 추론은 데이터에 포함된 사례의 확률적 평균에 의존한다. 그래서 AI는 전혀 새로운 상황이나 예외적 맥락에서 취약하다. '물이 끓는 소리가 들릴 때 불을 꺼야 한다'는 문장은 AI에게 단순한 언어 패턴이지만, 인간은 그 문장 뒤에 '넘치면 위험하다'는 물리적 상식을 함께 이해한다.

이처럼 AI의 추론은 '내재적 논리'가 아니라 '외부 데이터'에 기반한다. 때문에 인간처럼 "왜?"라는 질문에 스스로 근거를 만들어내기 어렵다. 최근에는 이런 한계를 보완하기 위해 검색 기반 생성 (RAG : Retrieval-Augmented Generation) 같은 기술이 도입되고 있다. 이는 AI가 대답을 생성하기 전, 외부의 실제 문서나 지식을 검색해 근거를 확보하는 방식이다. 일종의 '검색형 기억 장치'라고 할 수 있다. 하지만 이 방법도 결국 외부 지식의 도움을 받아야 한다는 점에서, AI의 자율적 사고라기보다 '지식의 재조합'에 가깝다.

이해력의 한계는 감정적 문맥에서도 두드러진다. 사람은 말의 내용뿐 아니라 말투, 표정, 상황의 뉘앙스를 통해 의미를 파악한다. 반면 AI는 언어나 이미지, 음성 각각을 독립적으로 분석한다. 최근 멀티모달 AI가 텍스트·이미지·음성을 통합적으로 이해하려 하지만, 여전히 '감정의 맥락'을 진짜로 파악하진 못한다. 누군가 "괜찮아요"라고 말했을 때, 그 말이 진심인지 억지로 한 말인지를 구분하기 어렵다. 인간은 표정과 억양, 관계의 맥락으로 판단하지만, AI는 아직 그 수준의 사회적 감각을 갖추지 못했다.

이런 한계는 단순한 기술적 문제를 넘어, AI의 책임성과 신뢰성 문제로 이어진다. AI는 자신이 왜 그런 답을 냈는지 설명할 수 없다. 이를 '블랙박스 문제'라고 부른다. 모델 내부의 계산 과정이 너무 복잡해, 결과를 낸 이유를 인간이 해석하기 어렵기 때문이다. 의료 진단, 법률 판단, 채용 평가처럼 사회적으로 중요한 영역에서 AI를 활용할 때 이 문제는 더욱 심각해진다. '왜 이런 결정을 내렸는가?'에 답할 수 없다면 책임 소재도 불분명해진다.

그럼에도 불구하고 AI는 점점 인간의 추론 능력에 가까워지고 있다. 최신 모델들은 단순한 패턴 매칭을 넘어, 대화 맥락을 기억하고 과거 발언을 바탕으로 일관된 논리를 구성한다. 이전 대화에서 사용자가 제시한 정보를 나중에 다시 인용하며, 자신이 한 말을 정정하기도 한다. 이는 완전한 이해는 아니지만, '논리의 형태'를 흉내 내는 수준까지는 발전한 셈이다.

그렇다면 앞으로 AI가 인간처럼 '이해하는 존재'가 될 수 있을까? 기술적으로는 가능성이 열려 있지만, 철학적으로는 여전히 논쟁적이다. AI는 경험이나 의식을 갖지 않기 때문이다. 인간의 이해는 단순한 정보처리가 아니라 '의미를 느끼는 행위'다. 이 감정적, 존재적 요소가 빠진 AI의 추론은 어디까지나 계산된 결과일 뿐이다.

따라서 AI 시대에 필요한 것은 'AI의 답을 이해하는 인간의 이해력'이다. AI의 결과를 무조건 신뢰하기보다, 그 한계를 인식하고 비판적으로 받아들이는 태도가 중요하다. AI는 답을 제시하지만, 그 답이 옳은지 판단하는 일은 여전히 인간의 몫이다. 진짜 지능은 데이터를 읽는 능력이 아니라, 그 데이터를 해석할 줄 아는 인간의 사고력에서 비롯된다.

창의성 부족과 예측 가능성

AI는 놀라운 속도로 글을 쓰고, 그림을 그리고, 음악을 작곡한다. 하지만 이 모든 결과물은 '새로운 창조'라기보다 '기존 데이터의 재조합'에 가깝다. 생성형 AI의 본질은 '학습한 패턴을 바탕으로 가장 그럴듯한 다음 결과를 예측한다'이다. 과거를 통계적으로 계산해 미래를 만들어내는 구조다. 이 때문에 AI의 결과물은 항상 예측 가능한 범위 안에 머무른다.

AI에게 "어느 작가 스타일로 서울의 야경을 그려줘"라고
해보자. AI는 이미 학습한 작가의 붓터치와 색감 그리고 서
울의 풍경 이미지를 결합한다. 겉보기엔 완전히 새로운 그림
같지만 그 안에는 작가의 '패턴'과 서울 사진의 '형태'가 그
대로 남아 있다. 이 과정에서 AI는 인간이 가진 고유한 감성
이나 시대적 감정을 이해하지 못한다. 인간 예술가의 창의성
은 감정과 해석 그리고 무의식적 선택에서 비롯되지만 AI는
데이터를 수학적으로 조합할 뿐이다.

AI의 창의성 부족은 언어 생성에서도 나타난다. '챗GPT'
같은 대형 언어모델은 방대한 텍스트를 학습해 자연스러운
문장을 만들어내지만 그 문장은 기존 표현의 통계적 평균이
다. 그래서 '안정적이지만 놀랍지는 않은' 문장을 잘 쓴다. 인
간 작가가 새로운 문체나 형식을 실험하며 의미의 경계를
넓히는 반면, AI는 기존 언어의 질서 안에서만 움직인다. 창
의성이란 '규칙을 깨는 능력'인데 AI는 그 규칙을 강화하는
존재다.

그렇다고 AI가 창의성의 적이라고만 볼 수는 없다. 오히
려 AI는 '창의적 발상 도구'로서 강력하다. 인간의 생각을 자
극하고, 기존에 없던 조합을 시도하게 만든다. 패션 디자이
너가 AI에게 수백 가지 색상 조합을 시각화시켜본다거나,
작곡가가 AI로 만들어본 코드 진행 중 예상치 못한 멜로디

를 발견하는 경우다. AI는 '우연의 실험실'이 되어 인간의 창의적 상상력을 확장시킨다. 이 관계를 다르게 표현하자면 AI는 스스로 창의적이지 않지만 인간을 더 창의적으로 만든다. 인간이 AI가 제시한 수많은 결과물 중에서 의미 있는 패턴을 찾아내어 재해석해 새로운 아이디어로 발전시킨다.

하지만 AI의 창의성 한계를 인식하지 못하면 위험하다. 특히 예술, 디자인, 글쓰기 같은 창작 분야에서 'AI가 사람을 대체한다'는 생각은 오해다. AI는 '결과'를 만들어낼 수는 있어도 '의미'를 만들지는 못한다. 한 편의 시가 감동을 주는 이유는 문장의 구조가 아니라 그 안의 맥락과 감정, 그리고 인간의 삶이 담겨 있기 때문이다. AI는 "사랑해"라는 문장을 수없이 생성할 수 있지만 그 사랑을 느끼지 못한다.

AI가 만들어내는 창의성은 '예측 가능한 창의성'이다. 어떤 결과가 나올지 대체로 짐작할 수 있고, 놀라움의 강도는 제한되어 있다. 반면 인간의 창의성은 예측 불가능성을 전제로 한다. 그 불확실성 속에서 혁신이 태어난다. 역사 속의 모든 발명과 예술적 도전은 "이건 안 될 거야"라는 예상을 뒤집는 순간에서 나왔다. AI의 계산은 논리적이지만 혁신은 비논리에서 비롯된다.

이제 창의성의 기준은 달라지고 있다. 과거에는 '무엇을 만들어냈느냐'가 중요했다면, 앞으로는 'AI와 함께 어떻게 만들어냈느냐'가 더 중요해진다. AI가 도와주는 발상 도구로 자리 잡으면서 인간의 역할은 단순히 창작자가 아니라 '의미를 해석하고 방향을 제시하는 사람'으로 이동하고 있다. 창의성의 중심이 '생산'에서 '기획'으로 옮겨가고 있다.

AI 시대의 창의성은 인간과 기술의 협업에서 완성된다. AI는 무한한 재료를 제공하지만 그 재료로 어떤 이야기를 빚을지는 인간의 상상력에 달려 있다. AI가 만들어낸 예측 가능한 세계 위에 인간은 예측 불가능한 감정을 덧입힌다. 그때 비로소 기술은 예술이 되고 계산은 창조로 바뀐다.

윤리적 문제와 개인정보 보호

AI의 발전은 놀라운 속도로 진행되고 있지만 그만큼 인간 사회가 감당해야 할 윤리적 과제도 함께 커지고 있다. 기술은 중립적이시 않다. 그것을 설계하고 사용하는 사람이 있기 때문이다. 특히 AI가 사회 전반으로 확산되면서 개인정보 침해·저작권 문제·일자리 감소·책임 소재 불명확성 같은 문제들이 현실적인 충돌로 나타나고 있다.

AI는 본질적으로 '데이터에 의존하는 기술'이다. 이 말은 AI가 개인의 행동, 말, 표정, 심지어 감정까지 학습 데이터로 사용할 수 있다는 의미이다. 챗봇 서비스는 사용자의 대화 내용을 학습해 개선되는 구조이다. 그 과정에서 수집된 문장

하나하나가 사실상 '개인정보'가 될 수 있다. 사용자는 대화를 나누며 자신의 사생활 일부를 노출하고 그 정보가 어떻게 사용되는지 명확히 알지 못한다. 이처럼 AI 시대의 개인정보는 단순히 이름이나 주소가 아니라 '개인의 패턴' 자체가 된다.

또한, AI가 생산하는 결과물에는 책임의 주체가 불분명하다. AI가 잘못된 정보를 제공해 사용자가 피해를 입었을 때, 책임은 누구에게 있을까? 개발자, 서비스 제공자, 아니면 AI 그 자체일까? 이런 문제는 기존의 법적 틀로 해결하기 어렵다. 인간이 설계했지만 인간의 통제 범위를 넘어서는 결정이 내려질 수 있다. 사회는 새로운 기준을 세워야 한다.

윤리 문제는 고용과 사회 구조에도 영향을 미친다. 자동화가 빠르게 확산되면서 단순·반복 노동은 물론, 분석·기획 업무까지 AI가 대체하기 시작했다. 하지만 단순히 '일자리가 줄어든다'는 것이 본질은 아니다. 문제는 인간의 노동이 '가치 있는 일'로 대체될 수 있느냐이다. AI가 고객 응대 업무를 맡으면서 사람은 '감정 노동'에서 벗어나지만 동시에 그 일을 통해 얻던 사회적 관계와 자존감은 사라질 수도 있다. 기술의 효율이 인간의 존엄보다 앞서지 않도록 조율하는 것이 AI 윤리의 핵심이다.

이러한 문제를 해결하기 위해 각국은 윤리 규범을 마련하고 있다. 유럽연합(EU)은 2024년 'AI 법(AI Act)'을 통해 AI를 위험 등급별로 분류하고, 개인정보 처리와 감시 시스템 등에 대한 엄격한 규제를 도입했다. 예컨대 생체인식 기술이나 감정 추적 시스템은 '고위험군'으로 분류되어, 투명한 데이터 사용 기록과 인간 감독이 필수로 요구된다. 반면, 예술 창작 보조나 언어 번역 같은 저위험군 AI는 비교적 자유로운 활용이 가능하다. 기술의 위험 수준에 따라 '책임의 강도'를 달리 적용하는 접근이다.

한국에서도 유사한 논의가 진행되고 있다. 정부는 '신뢰할 수 있는 AI 원칙'을 제시하며 ▲인간 중심 ▲공정성 ▲투명성 ▲책임성 ▲프라이버시 보호를 기본 가치로 삼고 있다. 하지만 여전히 많은 기업들이 AI 윤리를 '홍보 문구' 수준으로만 다루고 있어, 실제 시스템 설계 단계에서부터 윤리를 내재화하는 문화가 필요하다. 서비스 출시 전 AI 윤리감사(AI Audit) 절차를 거치거나 데이터 수집 시 사용자의 명시적 동의를 받는 과정을 의무화해야 한다.

저작권 문제도 점점 심각해지고 있다. AI가 학습하는 데이터에는 수많은 창작자의 글, 그림, 음악이 포함되어 있다. 이 과정에서 원저작자의 허락 없이 학습이 이루어지는 경우가 많다. '공유'와 '도용'의 경계가 흐려지면서 창작자의 권리가 침해되고, AI가 만든 콘텐츠가 다시 원작자의 시장을 위협하는 역설적 상황도 벌어진다. 이에 따라 'AI 학습 데이터의 출처 공개'와 '공정 사용(Fair Use) 기준 강화'가 중요한 화두로 떠오르고 있다.

궁극적으로 윤리와 개인정보 보호의 핵심은 기술이 아니라 신뢰다. 사용자는 자신이 제공한 정보가 안전하게 처리되고, 공정하게 사용된다는 확신이 있어야 한다. 기업은 그 신뢰를 얻기 위해 '무엇을 할 수 있는가'보다 '무엇을 하지 말아야 하는가'를 명확히 해야 한다. 기술의 속도보다 중요한 것은 인간 사회의 합의 속도다.

AI는 편리함을 약속하지만 그 편리함 뒤에는 늘 인간의 책임이 따라야 한다. 윤리가 없는 AI는 단지 효율적인 도구일 뿐 사회적 신뢰를 파괴하는 위험한 기술이 될 수 있다. AI 시대의 진짜 경쟁력은 기술력이 아니라 얼마나 인간적으로 기술을 다루는가에 달려 있다.

높은 에너지 소모와 환경 부담

AI의 발전은 눈부시지만, 그 뒤에는 눈에 잘 보이지 않는 '에너지의 그림자'가 있다. 최신 AI 모델을 훈련시키는 과정은 상상을 초월할 만큼의 전력과 자원을 소모한다. 대형 언어모델 하나를 학습시키는 데 사용되는 전력은 수천 가구가 1년 동안 사용할 전력량에 맞먹는다는 연구도 있다. AI는 디지털 기술처럼 '가볍고 깨끗한 혁신'으로 포장되지만 실제로는 거대한 전력 소비 산업에 가깝다.

AI의 에너지 소모는 주로 모델 훈련(training) 과정에서 발생한다. AI는 수십억 개의 문장, 이미지, 음성 데이터를 처리하며 매개변수(parameter)를 조정한다. 이때 고성능 GPU나 TPU 같은 연산 장비가 24시간 가동된다. 특히 최신 모델일수록 규모가 커지기 때문에 연산량이 기하급수적으로 늘어난다. 모델의 '똑똑함'이 올라갈수록 지구는 더 뜨거워진다.

문제는 이렇게 만들어진 모델이 한 번 훈련되고 끝나는 게 아니라는 점이다. 새로운 데이터가 추가될 때마다 다시 훈련이 이루어진다. 그 과정에서 다시 막대한 에너지를 소모한다. 주기적으로 모델을 업그레이드하기 위해 매번 대규모 컴퓨팅 자원을 투입한다. 이런 추세가 이어지면 향후 몇 년 안에 AI 산업의 탄소 배출량이 항공 산업을 넘어설 것이라는 예측도 있다.

환경 부담은 단순히 전력 사용에 그치지 않는다. 데이터 센터를 유지하기 위해서는 엄청난 냉각수와 장비 교체 자원이 필요하다. 여름철에는 서버 온도를 낮추기 위해 막대한 양의 물을 냉각 시스템에 사용하고 낡은 반도체 장비를 폐기하는 과정에서도 전자폐기물이 늘어난다. AI가 '보이지 않는 산업'으로 불리지만 그 환경적 영향은 결코 가볍지 않다.

이 문제를 해결하기 위한 핵심 키워드는 '효율'이다. 기술 업계는 이미 더 작은 연산으로 비슷한 성능을 내는 경량화 모델(LoRA, Distillation, Quantization 등)을 개발하고 있다. 이는 거대한 모델을 복제하거나 단순화해, 필요한 영역에만 계산을 집중하는 방식이다. 또한, 일부 기업은 특정 작업에 특화된 도메인 AI를 개발해 불필요한 연산 낭비를 줄이고 있다. '모든 문제를 푸는 거대한 AI'에서 '목적에 맞게 최적화된 AI'로 전환하고 있다.

데이터센터의 친환경 전환도 빠르게 진행 중이다. 구글, 마이크로소프트, 아마존 등은 이미 재생에너지 기반 전력 공급으로 전환하고 있으며, 냉각 효율을 높이기 위해 바닷물이나 외부 공기를 이용하는 '자연 냉각형 데이터센터'를 실험하고 있다. 심지어 북극권에 데이터센터를 세워 자연의 추위를 활용하는 사례도 등장했다. 기술의 진보가 더 이상 연산 능력뿐 아니라 탄소 효율성으로 평가받는 시대가 열리고 있다.

하지만 개인 사용자와 기업 모두에게 남은 과제는 여전히 크다. AI를 무분별하게 사용하는 것도 환경 부담의 원인이 된다. 단순한 질의응답이나 이메일 작성처럼 가벼운 작업도 대형 모델에 요청할 경우, 불필요하게 많은 에너지를 소비한다. 앞으로는 사용 목적에 따라 소형 모델(Small Language

Model, SLM)을 선택하거나 연산량을 줄이는 경량 프롬프트 (prompt optimization) 전략을 사용하는 것이 새로운 '친환경 습관'이 되어야 한다.

이제 AI의 발전을 논할 때 우리는 반드시 '성능'과 함께 '지속 가능성'을 이야기해야 한다. 기술의 진보가 인류의 편의를 위한 것이라면 지구의 생태적 균형도 함께 고려해야 한다. 효율적이고 환경을 배려하는 AI 개발은 단순한 기업의 선택이 아니라 사회 전체의 책무다. AI 시대의 진정한 혁신은 더 크고 복잡한 모델이 아니라 더 작고 현명한 기술에 있다. 친환경 AI는 앞으로의 경쟁력을 결정짓는 핵심 가치이다. 기술이 인간을 이롭게 하려면 그 발자국이 지구에 남기는 흔적까지도 가벼워야 한다.

6. AI 리터러시

AI는 이미 우리의 일상 속에 깊숙이 들어와 있다. 아침에 휴대폰을 열면 날씨 예보와 일정이 자동으로 정리되어 있고 길을 찾을 때는 내비게이션이 교통 상황을 예측해 가장 빠른 경로를 제시한다. 음악 앱은 내가 좋아할 만한 곡을 미리 추천하고 온라인 쇼핑몰은 내가 살 것 같은 물건을 먼저 보여준다. 우리가 특별히 명령하지 않아도 AI는 우리의 패턴을 학습해 알아서 결정을 돕는다. 그러나 우리는 이 기술이 어떻게 작동하는지 어떤 방식으로 나를 이해하는지 잘 알지 못한다. AI는 마치 생각하는 존재처럼 보이지만 실제로는 방대한 데이터를 분석해 패턴을 찾아내고 그 확률을 계산해 결과를 제시하는 프로그램이다.

　그럼에도 사람들은 종종 AI를 인간처럼 대하고 AI가 내놓은 답을 진실처럼 믿는다. 기술의 발전 속도에 비해 우리가 그것을 이해하는 속도는 훨씬 느리다. 바로 이 간극이 문제다. AI를 제대로 이해하지 못한 채 사용하는 것은 방향을 모른 채 자동차를 모는 것과 같다. 기술을 두려워할 필요는 없지만 그것을 제대로 '읽고 쓰는 능력'은 반드시 필요하다. 이 능력이 바로 AI 리터러시이다.

　AI 리터러시는 단순히 새로운 기술을 배우는 능력이 아니다. AI가 인간의 삶 속에서 어떤 의미를 갖고 사회에 어떤 변화를 일으키는지를 스스로 판단할 수 있는 지적 감각이다. AI 리터러시는 세 가지 힘으로 구성된다. AI를 올바르게 '이해하는 힘', 목적에 맞게 '활용하는 힘', 그리고 마지막으로 사회적 맥락 속에서 '판단하는 힘'이다. 이 세 가지가 조화를 이뤄야 AI를 진정한 도구로 사용할 수 있다. 글을 읽고 쓰는 데 문해력이 필요한 것처럼 AI 리터러시는 AI를 이해하고 다루는 능력이다. 종합적 사고 능력을 키워 인간의 사고를 확장하는 AI 기술 문해력이다.

이해하는 힘

AI의 작동 원리 이해하기

AI는 인간처럼 생각하거나 느끼지 않는다. 그저 데이터를 분석하고 그 안의 패턴을 찾아내는 기계적 존재다. AI가 사람의 말을 해석하는 듯 보이지만 실제로는 단어와 문장의 통계적 관계를 계산해 가장 높은 확률의 결과를 제시할 뿐이다. 인간은 경험을 통해 의미를 찾지만 AI는 수학적 연산을 통해 규칙을 찾는다. 그렇기 때문에 AI는 '지능적'으로 보이지만 사실상 인간의 사고를 흉내 내는 확률 계산기이다.

AI가 어떻게 답을 만드는지를 알면 기술에 대한 태도가 달라진다. AI의 학습 과정은 기본적으로 '데이터 → 패턴 분석 → 예측'의 세 단계로 이뤄진다. 먼저 사람이나 인터넷에서 수집한 방대한 데이터가 입력된다. 이 데이터에는 문장, 이미지, 음성, 코드 등 인간의 기록이 포함된다. 두 번째 단계에서 AI는 이 데이터를 통해 단어와 개념 사이의 규칙을 통계적으로 파악한다. '사과'라는 단어 주변에는 '빨갛다', '과일', '달다' 같은 표현이 자주 등장한다는 사실을 학습한다. 마지막으로 새로운 문장이 입력되면 AI는 그 학습된 패턴을 바탕으로 가장 가능성이 높은 단어를 순서대로 예측한다.

이 과정을 조금 더 구체적으로 보자. 사람이 "AI는 무엇을 할 수 있나요?"라고 물으면, AI는 'AI', '무엇', '할 수 있다'라는 단어들이 과거에 어떤 문맥에서 함께 쓰였는지를 떠올린다. 그리고 그 패턴의 확률에 따라 "AI는 데이터를 학습하여 다양한 문제를 해결할 수 있습니다" 같은 문장을 조합한다. 그 결과는 마치 사고의 산물처럼 보이지만 실제로는 수많은 문장 확률이 계산된 결과일 뿐이다. AI는 언어를 '이해'하는 것이 아니라 언어의 패턴을 '계산'한다.

AI가 이렇게 작동하기 때문에 그 결과물에는 언제나 인간의 데이터가 반영된다. AI는 자신이 경험한 적이 없는 세상을 상상하지 못한다. 학습 데이터에 존재하지 않는 개념은 AI의 세계에도 존재하지 않는다. 그래서 AI는 인간의 창의성을 완벽히 대체할 수 없다. 인간은 보지 못한 것을 상상하고 경험하지 못한 것을 이야기하지만 AI는 과거 데이터를 재조합할 뿐이다.

AI의 작동 원리를 이해하면 기술의 한계뿐 아니라 가능성도 동시에 보인다. AI는 인간이 반복적으로 처리하기 어려운 정보를 빠르게 다룰 수 있고 데이터의 방대한 흐름 속에서 인간이 놓치기 쉬운 패턴을 찾아낸다. 하지만 그것이 '판단'이나 '이해'를 의미하지는 않는다. AI는 답을 만들어낼 수 있지만 그 답의 의미를 스스로 설명하지는 못한다. 이 차이를 인식하는 순간 우리는 AI의 결과를 맹신하지 않고 분석적으로 바라볼 수 있게 된다.

AI는 결코 '스스로 배운다'거나 '생각한다'는 존재가 아니다. 인간이 제공한 데이터의 세계 안에서만 움직이는 계산 시스템이다. 우리가 흔히 느끼는 AI의 놀라움은 '데이터의 양과 속도'에서 비롯된다. 인간은 하루에도 몇 천 문장을 읽기 어렵지만 AI는 수십억 개의 문장을 단 몇 초 만에 처리할 수 있다. 그러나 이 속도는 깊이를 보장하지 않는다. 빠른 계산이 곧 통찰은 아니다.

AI의 작동 원리를 이해한다는 것은 기술을 신비나 위협으로 보지 않고 현실적인 도구로 인식하는 힘을 갖는 일이다. AI가 하는 일의 본질을 알면 인간은 기술의 주인이 될 수 있다. 우리가 AI를 두려워할 필요가 없는 이유도 여기에 있다. 기술은 생각보다 단순하고 그 단순함을 이해할수록 더 지혜롭게 다룰 수 있다.

AI의 한계 인식하기

앞에서 AI의 작동 원리를 이해했다면 이제는 그 기술이 어디까지 가능하고 어디서부터 멈추는지를 알아야 한다. AI는 놀라운 계산 능력과 빠른 처리 속도를 가지고 있지만 인간의 사고를 대신하지는 못한다. AI는 '생각하는 기계'가 아니라 '패턴을 예측하는 도구'다. 그 사실을 잊으면 우리는 기술을 과신하게 되고, 그 속임수에 넘어갈 수도 있다.

AI의 가장 큰 한계는 '이해하지 못한다는 것'이다. AI는 단어의 의미를 아는 것이 아니라 그 단어가 어떤 문맥에서 자주 등장하는지를 통계적으로 계산할 뿐이다. 따라서 문법은 완벽해도 논리는 어긋날 수 있다. 'AI가 글을 잘 쓴다'고 말할 때 사실 그 글은 '정확하게 조합된 문장'이지 '생각의 결과물'이 아니다. 인간은 경험과 의도, 감정을 뒤섞어 문장을 만들어낸다, AI의 문장은 과거의 패턴을 재조합한 결과다. 이 차이를 잊을 때 AI가 만들어 낸 모든 것은 사실이라고 착각하는 오류를 범하게 된다.

두 번째 한계는 데이터의 편향이다. AI는 학습한 데이터만큼만 세상을 본다. 만약 그 데이터에 성별이나 인종, 문화의 편향이 존재한다면 AI는 그것을 그대로 재생산한다. 실제로 일부 기업의 채용 시스템에서 여성 지원자가 불리한 평가를 받은 사례가 있었다. AI가 차별하려 한 것이 아니라 과거의 데이타 속에 이미 그런 경향이 포함되어 있었을 뿐이다. AI는 정의를 배우지 않는다. 오직 데이터의 경향을 반복한다.

세 번째 한계는 시간의 갇힘이다. AI는 과거의 데이터로 학습한다. 그 결과는 언제나 '이미 있었던 것'의 재구성이다. 사회가 바뀌고 문화가 변해도 학습 데이터가 갱신되지 않으면 AI의 답은 과거의 기준에 머문다. 2024년까지의 통계로 학습된 AI에게 2025년의 경제 상황을 묻는다면 답은 정확할 수 없다. AI는 현재를 살지 않는다. 시간의 업데이트 없이는 영원히 어제의 기술이다.

네 번째 한계는 AI는 모른다고 말을 할 수 없다는 점이다. 인간은 모를 때 멈추지만 AI는 모를 때도 그럴듯한 답을 만들어낸다. 존재하지 않는 논문을 인용하거나 사실과 다른 이야기를 자연스럽게 꾸며내는 이유가 바로 여기에 있다. AI는 확률적으로 '있을 법한 답'을 만들어내는 것이지 진실을 확인하지 않는다. 그럴듯함이 곧 사실이 되는 착시이다. 이 때문에 AI의 결과를 그대로 사용하는 것은 위험하다.

AI의 한계를 인식하지 못하면 기술에 의존하는 순간이 찾아온다. 번역 AI가 완벽하다고 믿으면 문장의 뉘앙스를 잃고 의료 AI가 정확하다고 믿으면 의사의 판단이 무뎌진다. AI는 인간의 결정을 보조하는 도구이지 대체자가 아니다. 기술은 효율을 높일 수 있지만 인간의 책임을 대신할 수는 없다.

AI의 한계를 이해한다는 것은 기술을 불신하자는 뜻이 아니다. 오히려 그 한계를 알아야 더 안전하고 현명하게 쓸 수 있다. 자동차의 제동거리를 아는 운전자가 더 안전하게 운전하듯 AI의 오차 범위를 아는 사용자가 더 책임감 있게 기술을 다룬다. AI의 오류를 비난하기보다 그 오류가 어디서 비롯되는지 이해하는 태도가 중요하다. 인간과 AI의 관계는 완전한 대체가 아니라 보완의 관계여야 한다. AI는 계산과 데이터의 영역에서 인간은 맥락과 판단의 영역에서 강점을 가진다. 둘 사이의 균형이 깨질 때 기술은 인간의 삶을 왜곡한다. AI의 한계를 인식하는 일은 기술을 제어하기 위한 출발점이며 동시에 인간의 역할을 재확인하는 일이다.

AI가 아무리 발전해도 세상을 이해하고 의미를 부여하는 능력은 여전히 인간에게 있다. 기술은 우리의 사고를 도와줄 수는 있지만 대신 생각해주지는 않는다. AI의 진짜 한계는 '알지 못하는 것'이 아니라 '인간이 자신의 판단을 포기할 때' 생겨난다. AI를 제대로 다루는 첫걸음은 그것이 어디까지 인간의 일에 개입할 수 있는지를 아는 일이다. 그 경계를 명확히 그릴 때 AI는 도전이 아니라 동반자가 된다.

데이터 감각 갖기

AI는 데이터를 먹고 자라는 존재다. 인간이 경험을 통해 세상을 배우듯 AI는 데이터 속에서 세상을 배운다. 그러나 인간의 경험이 제각각이듯 AI가 학습하는 데이터도 결코 완전하지 않다. 그 안에는 인간이 만들어낸 편향, 누락, 오류가 섞여 있다. 따라서 AI를 제대로 활용하기 위해서는 기술보다 데이터를 이해하는 눈, 즉 데이터 감각이 필요하다.

데이터 감각은 숫자를 읽는 능력이 아니라 정보의 출처와 맥락을 읽는 능력이다. "이 데이터는 어디서 왔는가?", "누가 어떤 목적을 갖고 만들었는가?", "무엇이 빠져 있는가?"를 묻는 습관이 데이터 감각의 핵심이다. AI가 만들어내는 결과는 사람이 입력한 데이터를 반영한 것이므로 그 데이터의 성격을 모른다면 결과를 신뢰할 수 없다. 뉴스 요약 AI가 '오늘의 주요 이슈'를 알려줄 때 클릭 수가 많은 기사 위주로 요약할 가능성이 높다. 이는 '사회적 중요성'이 아니라 '대중의 관심도'를 반영한 결과다. 또 번역 AI가 영어를 한국어로 바꿀 때 문화적 뉘앙스를 놓치는 이유도 문장의 의미보다는 언어 구조의 통계적 규칙만 학습했기 때문이다. 이런 사례는 모두 "데이터의 방향이 결과의 방향을 결정한다"는 사실을 보여준다.

AI의 결과를 이해하려면 그 배경이 의미하는 데이터를 함께 봐야 한다. 데이터는 세상을 설명하지만 결코 세상 그 자체는 아니다. 인터넷에는 특정 언어나 국가, 계층의 데이터가 과도하게 많고 그렇지 못한 영역의 정보는 거의 없다. 그 결과 AI는 인간의 다양성을 온전히 반영하지 못한다. 예컨대, 서구 영어 중심의 데이터로 학습한 AI는 아시아 문화나 한국어의 정서를 자연스럽게 표현하기 어렵다. 반대로, 한국어 중심으로 학습된 AI는 글로벌 정보의 연결성이 약할 수 있다.

데이터 감각이 부족하면 우리는 쉽게 "AI가 말했으니 맞겠지"라는 착각에 빠진다. 하지만 AI는 진실을 알지 못한다. AI의 답은 언제나 '가장 많이 본 패턴'일 뿐이다. 인터넷의 다수가 진실을 대표하지 않듯, 데이터의 다수도 옳음을 보장하지 않는다. AI가 생산하는 '대중의 평균' 속에서 소수의 목소리나 맥락은 사라질 수 있다.

데이터 감각을 기르는 첫걸음은 출처를 묻는 습관이다. AI가 제시한 통계나 문장의 근거가 어디서 왔는지를 확인하는 단순한 질문이 큰 차이를 만든다. "이 정보는 언제, 누구에 의해, 어떤 방식으로 수집되었는가?"라는 물음 하나가 데이터의 신뢰도를 결정한다. 두 번째는 비교의 습관이다. 하나의 결과에 의존하지 말고, 다른 AI나 다른 자료의 결과를 함께 살펴야 한다. 데이터는 언제나 관점의 일부이기 때문이다. 세 번째는 빈칸을 보는 시각이다. 데이터에 무엇이 들어 있느냐보다, 무엇이 빠져 있느냐를 보는 능력이 더 중요하다.

이 감각은 기술적 능력이 아니라 비판적 사고력에 가깝다. 건강 정보를 검색할 때 AI가 추천한 식단이 정말 과학적 근거가 있는지 혹은 광고성 자료를 학습한 결과인지 판단해야 한다. 또 AI가 제시한 수치가 단순히 과거의 인용인지 실제로 검증된 통계인지 구별해야 한다. 데이터를 그대로 믿지 않고 한 걸음 떨어져 바라보는 시각이 바로 현대의 문해력이다.

AI의 시대에 가장 위험한 태도는 '데이터는 객관적'이라는 믿음이다. 데이터는 수집자의 시선과 구조의 편향을 그대로 담는다. 누가, 어떤 상황에서, 어떤 기준으로 기록했느냐에 따라 완전히 다른 이야기가 된다. AI는 그 데이터를 기반으로 결정을 내리므로 인간의 편향을 재생산하게 된다. AI를 신뢰하기 전에 그 뒤에 있는 데이터를 신뢰할 수 있는지 먼저 확인해야 한다.

데이터 감각은 이제 기술 전문가만의 능력이 아니라, 모든 시민의 기본 소양이 되었다. SNS의 알고리즘이 보여주는 정보, 쇼핑몰의 추천 상품, 영상 플랫폼의 추천 콘텐츠 모두 데이터의 흐름 속에서 만들어진다. 우리가 보는 세상은 이미 AI가 필터링한 세상이다. 따라서 데이터 감각이 있는 사람은 "이건 AI가 보여준 세상이지, 세상의 전부는 아니다"라고 자각한다.

데이터는 힘이다. 하지만 그 힘은 이해 없이 쓰면 왜곡이 된다. AI 시대의 교양은 데이터를 믿는 힘이 아니라 데이터를 의심할 줄 아는 지혜에서 시작된다. 데이터 감각을 가진 사람만이 AI가 만든 세상 속에서 스스로의 판단 능력을 키울 수 있다.

활용하는 힘

프롬프트 설계 능력

AI와 인간의 대화는 단순한 명령이 아니다. 버튼을 누르듯 "이거 해줘"라고 말하는 시대는 지났다. 이제는 어떻게 묻느냐가 결과를 바꾸는 시대다. AI는 사람의 언어를 이해하는 듯하지만 실제로는 우리가 던진 문장 속 단어의 관계를 계산해 가장 높은 확률의 답을 내놓는다. 따라서 질문이 모호하면 답도 모호하고, 질문이 명확하면 결과도 뚜렷하다. 이 질문의 기술이 '프롬프트'이다.

프롬프트란 AI에게 주는 맥락 있는 지시문이다. "무엇을, 어떤 방식으로, 어떤 목적을 위해 하라"는 구체적 언어다. 좋은 프롬프트는 명확하고 구체적이며, 목적을 분명히 드러낸다. "자기소개서 써줘"라는 요청은 너무 넓다. 반면 "30대 직장인이 서비스 기획 직무로 전환하기 위해 쓸 자기소개서 초안을 500자 내로 작성해줘. 말투는 진지하지만 따뜻하게."라고 하면 AI는 방향을 이해하고 보다 정확한 결과를 낸다. 프롬프트 설계 능력은 'AI에게 명확히 말하는 법'이자 동시에 '자신의 목적을 명확히 인식하는 능력'이다.

AI를 잘 쓰는 사람은 질문을 잘하는 사람이다. 프롬프트의 품질은 사고의 구조를 반영한다. 자신이 무엇을 원하는지 모르는 사람은 AI에게도 모호하게 말한다. 그러나 목적이 분명한 사람은 AI에게 필요한 정보를 효과적으로 전달한다. 프롬프트 설계 능력은 기술적 요령이 아니라 사고의 훈련이다. 우리가 AI에게 구체적으로 말하려면 먼저 스스로 생각을 정리해야 한다.

좋은 프롬프트에는 공통된 네 가지 요소가 있다. 첫째, 맥락(context)이다. AI는 문맥을 모르면 엉뚱한 결과를 낸다. "회의 요약해줘"보다 "20분짜리 회의에서 나온 결정사항만 정리해줘"가 훨씬 명확하다. 둘째, 형식(format)이다. 결과물이 글인지, 표인지, 요약인지 지정해야 한다. 셋째, 역할(role)이다. "너는 지금 초등학생에게 과학을 설명하는 선생님이다"라고 하면 AI는 어조와 단어를 조정한다. 넷째, 반복 수정(loop)이다. 한 번의 질문으로 완벽한 답을 기대하지 않는다. 결과를 보고 추가 질문을 던지며 점차 원하는 방향으로 다듬는다.

프롬프트 설계의 진정한 핵심은 대화적 사고다. AI와의 상호작용은 단방향이 아니라 순환이다. 질문 → 답변 → 수정 → 재질문으로 이어지는 과정이 쌓이면서, 점점 더 인간의 의도를 반영한 결과가 나온다. 프롬프트는 '명령'이 아니라 '협업의 언어'다.

AI를 이용하는데 이 능력은 점점 중요해지고 있다. AI에게 "리포트 써줘"라고 말하는 대신 "환경문제에 대한 찬반 논거를 각각 두 가지씩 제시하고 결론은 중립적으로 정리해줘"라고 요청할 수 있다면 더 나은 질문이다. "이 문서를 정중하지만 간결하게 요약해 줘", "회의록에서 실행 항목만 추출해 줘"처럼 상황에 맞는 언어를 선택해야 한다. AI와의 소통은 인간의 사고력의 깊이를 반영한다.

프롬프트 설계 능력은 단지 기술적인 숙련이 아니다. 그것은 문제를 언어로 구조화하는 능력, 즉 사고를 정리해 표현하는 힘이다. 이 능력이 있으면 AI의 한계도 스스로 제어할 수 있다. AI가 잘못된 답을 낸다면 그 이유는 대부분 질문이 불명확했기 때문이다. "AI가 틀렸다"기보다 "내가 잘못 물었다"고 생각할 때 비로소 AI를 도구로 다루는 주체가 된다.

AI의 응답 품질은 질문에서 결정된다. 질문의 수준이 곧 결과와 직결된다. 같은 기술을 쓰더라도 질문이 다르면 전혀 다른 결과가 나온다. AI를 잘 쓰는 사람은 복잡한 명령을 내리는 사람이 아니라 명확한 의도를 전달할 줄 아는 사람이다. 프롬프트 설계 능력이란 AI를 제어하는 언어이자 생각을 정리하는 또 하나의 사고 도구다.

AI는 완벽하지 않지만 인간의 언어에는 무한한 가능성이 있다. 프롬프트는 그 언어와 기술을 잇는 다리다. 질문을 잘 던질 줄 아는 사람만이 AI와 함께 더 나은 답을 만들어낼 수 있다.

적절한 도구 선택

AI를 잘 쓴다는 것은 상황에 맞는 도구를 고를 줄 아는 일이다. AI는 하나의 기술이 아니라 서로 다른 목적과 기능을 가진 수많은 도구들의 집합이다. 글을 쓰는, 이미지를 그리는, 번역을 하는, 음성을 인식하는, 일정을 관리하는 AI를 모두 'AI'라고 부른다. 그렇지만 그 내부의 구조와 역할은 완전히 다르다. 기술을 잘 활용하는 사람은 AI를 전지전능한 존재로 보지 않는다. 필요한 순간에 가장 효율적인 도구를 선택할 줄 아는 사람이 진짜 사용자다.

AI를 처음 접한 사람들은 하나의 AI로 모든 일을 해결하려 한다. 생성형 AI가 글도 쓰고, 요약도 하고, 번역도 하니까 이 도구 하나로 다 할 수 있을 것이라 생각한다. 그러나 글쓰기에 강한 AI와 데이터 분석에 강한 AI는 본질적으로 다르다. 어떤 AI는 문장 구조를 잘 다루지만 사실 검증에는 약하다. 또 어떤 AI는 이미지를 탁월하게 만들어도 텍스트 요약에는 서툴다. 정확도보다 중요한 것은 '적합성'이다.

AI 도구를 고를 때는 '문제의 본질'을 먼저 파악해야 한다. 글을 다듬고 싶은가, 새로운 아이디어를 얻고 싶은가, 아니면 정보를 요약하고 싶은가. 목적이 다르면 써야 할 AI도

달라진다. 직장에서 회의록을 자동으로 정리하려면 음성 인식 AI와 요약 AI를 함께 써야 한다. 반면 기획안을 쓸 때는 문장 생성 AI가 도움이 된다. 여행 계획을 세우고 싶다면 일정 최적화 기능이 있는 도구를 써야한다. 도구를 고르기 전에 "무엇을 해결하고 싶은가?"를 묻는 것이 첫 단계다.

AI 도구는 크게 세 가지 부류로 나눌 수 있다. 첫째는 지식형 AI— 검색, 요약, 번역, 설명처럼 정보를 빠르게 가공하는 데 특화된 도구다. 둘째는 창작형 AI— 글쓰기, 그림, 음악, 영상 등 창의적인 결과물을 만드는 도구다. 셋째는 업무형 AI— 일정 관리, 이메일 정리, 데이터 자동화처럼 반복적이고 구조화된 일을 대신 처리하는 도구다. 이 세 가지의 차이를 이해하면 대부분의 상황에서 올바른 선택을 할 수 있다.

도구 선택의 기준은 기술적 성능보다 데이터의 방향성과 안정성이다. AI가 어떤 언어로, 어떤 시점의 데이터를 학습했는지가 결과를 좌우한다. 영어 중심의 AI는 해외 정보에는 강하지만 한국어의 문화적 뉘앙스를 반영하기 어렵다. 반대로 한국어 중심의 AI는 국내 표현에는 자연스럽지만 국제 정보나 해외 최신 연구에는 약할 수 있다. 또한 최신 데이터를 다루는지 업데이트 주기가 얼마나 되는지도 중요한 판단 기준이다. AI의 능력은 절대적으로 데이터의 신선도에 달려 있다.

도구를 고를 때 보안과 개인정보 보호도 함께 고려해야 한다. 무료로 제공되는 AI는 편리하지만 입력한 정보가 서버에 저장되거나 학습 데이터로 활용될 위험이 있다. 반면 유료 서비스는 보안이 강화되어 있지만 사용료나 구독 관리의 부담이 따른다. 따라서 "이 정보는 AI에게 맡겨도 괜찮은가?"를 스스로 판단하는 습관이 필요하다. 업무 문서나 민감한 내용이라면 보안 인증이 된 도구만 사용하는 것이 안전하다.

AI를 여러 개 사용하는 것은 결코 낭비가 아니다. 오히려 각 도구의 강점을 조합하면 훨씬 더 정확하고 효율적인 결과를 얻을 수 있다. 생성형 AI로 초안을 만들고, 교정 전용 AI로 문법을 다듬은 다음, 요약 AI로 핵심만 정리할 수 있다. 이런 분업 구조는 인간의 협업과 닮아 있다. 하나의 도구에 모든 걸 기대하기보다, 각각의 장점을 연결하는 것이 진짜 활용이다.

AI 도구를 선택한다는 것은 기술을 소비하는 일이 아니라 사고의 구조를 설계하는 일이다. 어떤 일을 자동화할지 어떤 부분에 인간의 판단을 남길지를 결정하는 과정이기 때문이다. 모든 도구를 다 쓸 필요는 없다. 필요한 순간에 필요한 기능을 선택하는 절제가 오히려 더 효율적이다. AI의 세계는 ‘많이 쓰는 사람’보다 ‘똑똑하게 쓰는 사람’이 앞선다.

기술이 빠르게 발전할수록, 인간에게 필요한 것은 도구의 사용법이 아니라 도구의 선택 감각이다. 변화하는 환경 속에서 무엇을 맡기고, 무엇을 직접 할지 구분하는 능력은 단순한 기술력이 아니라 사고의 깊이에서 나온다. AI를 잘 고른다는 것은, 기술을 목적 아래 두는 일이다. AI는 그 자체로 답이 아니라 올바른 질문을 실행하는 수단이다.

결과 해석과 수정 능력

AI가 만들어내는 결과물은 빠르고 매끄럽다. 문장은 자연스럽고 그림은 정교하며 데이터는 정리되어 있다. 그래서 많은 사람이 "AI가 하면 더 정확하지 않을까?"라고 생각한다. 하지만 AI의 결과는 어디까지나 초안일 뿐 완성본이 아니다. 그 결과를 이해하고 판단하며 수정하는 일은 여전히 인간의 몫이다. AI의 답을 그대로 받아들이면 편리하지만 생각이 멈춘다.

AI는 인간의 언어를 계산한다. 따라서 결과는 언제나 ‘확률적으로 가장 그럴듯한 답’이다. 그러나 그럴듯함이 진실을 보장하지는 않는다. AI에게 "서울의 평균 연봉과 물가를 비교해줘"라고 요청하면 관련 데이터를 찾지 못하는 경우 실제 통계 대신 비슷한 수치를 만들어낼 수 있다. 문장은 그럴듯하지만 출처가 불분명하다. AI는 자신이 모르는 것도 아는 척한다. 인간처럼 "잘 모르겠다"고 멈추지 않는다. 그렇기에 결과를 해석하고 검증하는 능력이 반드시 필요하다.

AI의 결과를 점검할 때는 세 가지 기준이 중요하다. 첫째, 사실의 정확성이다. 인용된 자료, 수치, 연도 같은 객관적 정보는 반드시 다른 출처로 교차 확인해야 한다. 둘째, 논리의 일관성이다. AI가 쓴 글은 문법적으로는 완벽하지만, 주장과 근거의 관계가 어긋나는 경우가 많다. 셋째, 표현의 진정성이다. AI의 문장은 감정을 흉내 낼 수는 있어도 진심을 담지는 못한다. 인간이 경험과 감정을 덧입히는 과정이 있어야 비로소 글이 살아난다.

AI가 만든 이미지나 영상도 마찬가지다. AI는 형태를 그릴 수 있지만 의미를 이해하지 못한다. 그래서 그림 속 인물의 손가락이 여섯 개가 되거나 배경의 빛이 어색한 일이 생긴다. 사진처럼 보여도 실제로는 데이터의 조합일 뿐이다. 이런 결과를 수정하는 과정에서 인간의 미적 감각이 개입해야 한다. 기술이 그린 윤곽선 위에 인간이 의미를 채워 넣는 일, 그것이 '해석'이다.

AI의 결과를 제대로 해석하려면 먼저 출력의 성격을 이해해야 한다. AI는 객관적 판단자가 아니라 확률적 예측기다. 그 결과를 절대적 답으로 받아들이는 순간 사고는 정지한다.

우리는 AI의 결과를 최종 판단의 근거로 삼기보다 탐구의 출발점으로 삼아야 한다. "왜 이렇게 나왔을까?", "이 근거는 어디서 왔을까?", "다른 결과는 없을까?"라는 질문이 따라야 한다. 이런 질문이 바로 비판적 사고의 시작이다.

AI의 결과를 수정한다는 것은 단순히 문장을 다듬는 일이 아니다. 그것은 AI가 놓친 맥락을 복원하는 일이다. AI가 '감동적인 축사'를 작성할 수는 있지만 신랑신부의 관계나 현장의 분위기를 모른다면 진짜 감동을 만들 수 없다. AI는 패턴을 계산하지만 맥락의 온도를 모른다. 인간은 바로 그 온도를 조절할 수 있는 존재다. AI의 결과를 해석하고 수정하는 과정은 인간의 사고를 확장시키는 기회가 된다. 우리는 AI의 답을 통해 새로운 관점을 떠올리고 부족한 부분을 채우며 더 나은 질문으로 발전시킬 수 있다. AI의 결과를 다루는 과정이 곧 사고력의 훈련이 된다. 기술은 생각을 대신해주는 것이 아니라 생각을 자극하는 존재다.

AI 시대에 진짜 실력자는 AI의 능력을 그대로 믿는 사람이 아니라 AI의 결과를 읽을 줄 아는 사람이다. 결과를 읽는다는 것은 그 안의 구조와 한계를 파악하여 자신의 판단으로 재구성하는 것이다. AI의 결과 해석 능력은 기술적 능력이 아니라 인간적 지능이다. AI는 초안을, 인간은 완성을 만든다. 기계가 데이터를 통해 문장을 세우면 인간은 의미를 통해 이야기를 완성한다. 이 협업의 균형 속에서 기술은 도구로서 제자리를 찾는다. AI의 결과를 무비판적으로 받아들이는 사람은 기술의 소비자에 머무르고 그 결과를 해석하고 수정하는 사람은 기술의 주인이 된다.

AI의 결과를 이해한다는 것은 기술을 불신하는 일이 아니다. 오히려 그것은 기술을 인간의 기준으로 되돌리는 과정이다. AI가 만든 답이 아닌 인간이 판단한 의미가 세상을 움직인다. 중요한 것은 AI의 정확도가 아니라 그 결과를 해석하고 사용할 줄 아는 인간의 지혜다.

협업 감각

AI 시대의 일은 혼자 하는 일이 아니다. 인간과 AI가 함께 일하는 방식이 새로운 표준이 되고 있다. 기술이 인간을 대체할 것이라는 불안은 여전히 남아 있지만 실제로는 대체가 아니라 협업의 시대가 열리고 있다. 인간의 사고력과 AI의 계산력이 만날 때 이전에는 불가능했던 효율과 창의가 동시에 생겨난다. 이를 가능하게 하는 능력이 바로 협업 감각이다.

AI와 협업한다는 것은 단순히 기술을 쓰는 것이 아니라 역할을 분담하는 일이다. AI는 데이터를 분석하고 반복적인 일을 빠르게 처리한다. 인간은 맥락을 이해하고 판단을 내린다. 두 영역이 명확히 나뉘어야 진짜 협력이 이루어진다. AI

에게 모든 일을 맡기면 결과는 모두 유사해지고 인간이 모든 일을 직접 하려 하면 효율이 떨어진다. 협업은 그 중간의 균형을 찾는 과정이다.

회의록을 자동으로 요약하는 AI를 생각해보자. AI는 발언 내용을 문장 단위로 정리하고 핵심 키워드를 추출한다. 하지만 그 회의의 분위기, 사람들의 미묘한 의견 차이, 결정의 배경은 파악하지 못한다. 이런 부분을 읽고 해석하는 것은 인간의 역할이다. 또 다른 예로, 고객 상담을 하는 챗봇이 기본 응대를 처리한 뒤 복잡한 문제를 사람 상담원에게 넘기는 구조도 협업의 한 형태다. AI는 속도와 일관성을 인간은 공감과 판단을 담당한다.

협업 감각의 핵심은 AI에게 맡길 일과 인간이 직접 해야 할 일을 구분하는 능력이다. AI가 강한 영역은 명확하다. 계산, 분류, 요약, 패턴 분석 같은 객관적 작업이다. 반대로 인간이 강한 영역은 해석, 창의, 윤리, 감정 같은 주관적 판단이다. 업무 현장에서 이 구분이 명확할수록 AI는 조력자가 되고 그렇지 않으면 혼란의 원인이 된다.

AI와 협업하려면 AI를 도구로 보는 시각에서 한 걸음 더 나아가 '동료로 대하는 태도'가 필요하다. 이는 감정적인 인격화를 의미하지 않는다. 대신 AI의 능력과 한계를 이해하고 그에 맞는 역할을 부여하는 자세이다. 글쓰기에서 AI는 초안을 만들고 인간은 감정과 맥락을 더한다. 데이터 분석에서는 AI가 숫자를 계산하고 인간이 의미를 해석한다. 협업은 이런 '역할의 조율' 위에서 이루어진다.

이 과정에서 중요한 것은 커뮤니케이션의 정확성이다. AI와의 협업은 언어를 매개로 이루어진다. 모호한 요청은 불완전한 결과를 낳는다. "이 자료를 분석해줘"보다 "최근 6개월 매출 데이터를 제품별로 정리하고 성장률이 가장 높은 세 가지 항목을 알려줘"라고 말할 때 결과는 훨씬 정확하다. 협업 감각은 프롬프트 설계 능력의 확장이다. 잘 묻는 사람이 AI와 잘 협력한다.

AI와의 협업은 개인의 일상에도 깊이 들어와 있다. 학생은 AI를 이용해 자료를 조사하고 디자이너는 시안을 만들며 번역가는 초안을 수정한다. 회사에서는 이메일 정리, 일정 관리, 문서 초안 작성이 AI와 함께 이루어진다. 이런 흐름 속에서 인간은 점점 더 창의적 사고와 결정의 순간에 집중할 수 있게 된다. AI는 반복을 담당하고, 인간은 의미를 만들어 낸다.

그러나 협업 감각이 없는 사람은 AI를 '대체자'로 오해하거나 '도구'로만 취급한다. 전자는 책임을 포기하는 위험을 낳고, 후자는 가능성을 제한한다. 협업은 신뢰와 통제의 균형 위에서 이루어진다. AI를 신뢰하되 맹신하지 않고, 비판하되

거부하지 않는 태도다. 인간이 AI의 판단을 검증하고 방향을 제시할 때, 기술은 인간 중심의 도구로 머무를 수 있다.

AI와 협업한다는 것은 인간이 기술을 지휘하는 새로운 형태의 팀워크를 배우는 일이다. 우리는 AI와 함께 일하면서 인간의 감정과 가치가 왜 여전히 중요한지를 다시 깨닫는다. 공감과 윤리는 AI가 배울 수 없는 능력이다. 인간은 그 능력으로 기술을 완성시킨다.

협업 감각이란 AI를 인간답게 쓰는 감각이다. 기술이 아무리 정교해져도, 인간의 손끝과 시선이 닿을 때만 의미가 완성된다. 협업은 효율의 문제가 아니라, 인간이 기술을 통해 자기 능력을 확장하는 과정이다. AI와 함께 일하는 법을 아는 사람은, AI에 휘둘리지 않는다. 그 사람은 기술의 주인이 된다.

판단하는 힘

정보 진위 판단

AI의 시대에는 정보가 넘쳐난다. 검색하면 답이 쏟아지고 요약하면 순식간에 핵심이 정리된다. 하지만 그 중 얼마가 사실일까? AI가 제시하는 문장은 매끄럽고 설득력 있지만 그럴듯함이 곧 진실은 아니다. AI는 사실을 아는 존재가 아니라 가능성을 예측하는 존재다. 그렇기에 인간에게 필요한 것은 기술보다 판단의 힘, 즉 정보의 진위를 가려내는 능력이다.

AI는 인간이 만들어낸 데이터를 학습한다. 그 결과물은 인간이 쓴 문장과 수집한 정보의 반영이다. 그런데 인간의 정보는 완벽하지 않다. 오류나 편견, 왜곡이 섞여 있다. AI는 이런 불완전한 데이터를 기반으로 '가장 가능성이 높은 답'을 만들어낸다. 그 과정에서 사실이 왜곡되거나 존재하지 않는 근거가 만들어지기도 한다. AI가 존재하지 않는 논문을 인용하거나, 실제 인물의 말을 가짜로 조합해 보여주는 경우도 있다. 문장은 그럴듯하지만 내용은 허구다.

이런 현상을 '할루시네이션(hallucination)'이라 부른다. AI가 스스로 꾸며낸 사실의 환상이다. AI는 모를 때 멈추지 않고 확률적으로 있을 법한 답을 만들어낸다. 그래서 AI가 만든 정보는 항상 검증이 필요하다. AI의 답은 참고일 뿐 결론이 아니다.

정보의 진위를 판단하기 위해서는 몇 가지 기본적인 원칙이 필요하다. 첫째, 출처를 확인하라. AI가 제시한 정보에 실제 존재하는 근거가 있는지, 공식 문서나 뉴스, 논문 등에서 교차 확인해야 한다. 둘째, 날짜와 맥락을 살펴라. 오래된 데이터나 특정 시기의 상황을 현재의 사실로 오인하는 경우가 많다. 셋째, 독립된 다른 출처와 비교하라. 여러 AI나 검색 엔진을 동시에 활용하면 결과의 일관성을 점검할 수 있다. 넷째, 숫자와 인용을 검증하라. AI는 수치를 정확히 인용하는 데 약하다. 숫자는 특히 오류가 잦으므로 반드시 원본 자료를 확인해야 한다.

AI의 정보는 언어의 형태로 만들어진다. 언어는 감정을 담을 수 있지만 동시에 사람을 속이기도 한다. AI의 문장은 문법적으로 완벽하므로 오히려 더 신뢰감을 준다. 그래서 더 위험하다. 인간은 문장의 매끄러움에 속는다. '읽기 쉬움'은 '진실'의 증거가 아니다. 오히려 읽기 쉬운 문장일수록 그 근거를 더 꼼꼼히 살펴야 한다. AI를 활용하는 사람은 이제 '정보 소비자'가 아니라 '정보 편집자'가 되어야 한다. 정보의 사실 여부를 따지고, 필요한 부분만 선별해 사용하는 태도가 중요하다. 단순히 답을 얻는 것이 아니라 답의 신뢰도를 평가하는 능력이 AI 시대의 새로운 문해력이다.

AI가 "한국의 재생에너지 비율은 20%입니다"라고 말했을 때, 그 수치를 그대로 믿지 말고 "출처는 어디인가?", "언제의 통계인가?"를 함께 묻는 습관이 필요하다. 만약 출처를 제시하지 못한다면 그 정보는 '가능성의 결과'일 뿐이다. 또 하나의 예로, AI가 작성한 자기소개서나 기사 초안은 문장 구조는 완벽하지만 세부 사실이나 경험이 실제와 다를 수 있다. 이런 오류를 바로잡는 일은 인간만이 할 수 있다.

정보의 진위를 판단하는 힘은 단순히 '틀림을 찾는 능력' 이 아니다. 그것은 세상을 비판적으로 바라보는 태도다. 정보가 넘치는 시대일수록 진실은 더 작고 조용한 목소리로 존재한다. AI는 그 목소리를 구분하지 못한다. 인간만이 맥락과 의도를 읽어낼 수 있다.

AI의 발전은 검증의 중요성을 더 키워놓았다. 과거에는 전문가가 정보를 생산하고 일반인이 소비하였다. 이제는 모두가 정보의 생산자이자 감별자다. 생성형 AI는 누구나 손쉽게 글과 이미지를 만들 수 있게 했지만 동시에 가짜 정보도 그만큼 빠르게 확산시킨다. 따라서 AI의 시대는 판단의 시대다. 판단 없는 기술은 위험하고 기술 없는 판단은 불가능하다.

AI의 정보를 맹신하지 않는다는 것은 불신과 다르다. 그것은 책임 있는 사용자의 태도다. 인간은 여전히 진실을 구분할 수 있는 마지막 존재다. 기술이 아무리 정교해져도 '사실인지 아닌지'를 판단하는 힘은 인간의 몫이다. AI가 진실을 대신 말해주지 않는다. 대신, 인간이 묻는 방식이 진실에 가까워지게 만든다.

AI 시대의 진짜 지식인은 "무엇을 아느냐"보다 "무엇을 믿을 수 있느냐"를 구별할 줄 아는 사람이다. 정보의 양이나 질, 문장의 완성도보다 근거의 신뢰성이 더 중요하다. AI의 답을 신뢰할 수 있는가를 결정하는 것은 기술이 아니라 그 결과를 검증하려는 인간의 태도이다.

프라이버시와 저작권 의식

AI의 발전은 편리함을 약속하지만 동시에 개인의 정보를 끝없이 흡수한다. 우리가 무엇을 검색하고 어떤 음악을 듣고 어느 장소에 머무는지까지 모두 데이터로 기록된다. AI가 발전할수록 우리의 일상은 더 많은 데이터로 변환된다. 기술이 사람을 돕는 동시에 사람을 관찰하는 시대다. 이때 가장 중요한 것이 바로 프라이버시와 저작권 의식이다.

AI는 데이터를 통해 학습한다. 그 데이터에는 공공 데이터뿐 아니라 개인이 인터넷에 남긴 글, 사진, 목소리, 작품 등이 포함된다. 문제는 이런 데이터가 동의 없이 수집되거나 사용될 수 있다는 점이다. 어떤 이미지 생성 AI는 인터넷에 공개된 예술가들의 작품을 무단으로 학습하여 비슷한 화풍의 그림을 만들어낸다. 생성된 그림은 그럴듯하지만 원작자의 이름은 사라진다. 기술은 편리하지만 창작자의 권리를 희미하게 만든다.

프라이버시 문제도 마찬가지다. AI는 개인의 데이터를 기

반으로 맞춤형 서비스를 제공한다. 검색 결과, 광고, 추천 콘
텐츠가 모두 개인의 취향과 행동 기록을 반영한다. 하지만
그 과정에서 '얼마나 많은 정보가 어디로 흘러가고 있는가'
를 사용자는 알기 어렵다. 음성비서가 대화를 저장하거나 사
진 정리 앱이 얼굴을 인식해 자동 분류하는 기능도 편리하
지만 동시에 감시의 가능성을 내포한다.

AI 시대의 시민은 단순한 '이용자'가 아니라 데이터 제공
자이자 공동 창작자다. 우리가 AI에 입력하는 문장 하나, 이
미지 한 장, 목소리 한 줄도 누군가의 시스템에 저장된다. 그
정보가 이후 다른 AI의 학습에 쓰일 수 있다는 사실을 잊지
말아야 한다. 특히 타인의 사진이나 문장을 AI에 업로드할
때는 그 사람이 동의했는지 반드시 확인해야 한다. 한 장의
사진이 초상권 침해로 이어질 수도 있고, 한 문장의 인용이
저작권 위반이 될 수도 있다.

AI를 사용하는 사람에게는 이제 윤리적 책임이 따른다.
기술은 중립적이지만 사용자는 그렇지 않다. AI에게 입력하
는 데이터의 성격, 사용하는 이미지의 출처, 생성된 결과의
활용 목적 모두 사용자의 판단에 달려 있다. 따라서 다음 세
가지 원칙이 필요하다. 첫째, 최소 입력 원칙— 불필요한 개
인 정보나 타인의 정보는 입력하지 않는다. 둘째, 비식별화
원칙— 얼굴, 이름, 주소 등은 가능하면 삭제하거나 가린다.

셋째, 명시적 사용 원칙— 생성된 결과를 어디에 어떻게 사용할지를 스스로 기록하고 명확히 한다.

AI로 만든 결과물의 저작권도 새로운 논쟁을 낳고 있다. AI가 만든 그림의 저작권은 누구에게 있을까? 현행 법제는 아직 명확하지 않지만 기본적으로 인간의 창작성이 개입되지 않은 결과물에는 저작권이 인정되지 않는 경우가 많다. 그러나 AI를 '도구'로 사용해 인간이 지시와 편집을 했다면 그 결과물은 인간의 저작물로 볼 수 있다. 핵심은 인간의 창작적 개입 정도다. AI가 도와주었는가, 대신했는가에 따라 법적 판단이 달라진다.

저작권의 문제는 법의 영역을 넘어 창작의 존엄과 관련된다. AI는 기존의 작품을 조합해 새로운 결과를 만들어 낸다. 그러나 그 기반이 된 원작자들의 노력이 없었다면 지금의 AI도 존재하지 않는다. 따라서 AI를 통해 창삭할 때는 이 결과물이 누구의 흔적 위에 서 있는가를 의식해야 한다. 그 인식이 창작의 윤리를 지탱한다.

AI가 인간의 데이터를 학습한다는 사실을 부정할 수는 없다. 하지만 그 데이터를 어떻게 다루느냐에 따라 기술은 서로 다른 얼굴을 가진다. 개인의 정보를 보호하고 창작자의 권리를 존중하는 사회일수록 AI는 인간을 위한 기술로 발전한다. 반대로 이런 의식이 약한 사회에서는 기술이 인간을 도구화한다. AI를 윤리적으로 사용하는 일은 거창한 규제가 아니라 생활 속의 습관이다. 사진을 올리기 전 한 번 더 생각하고 문장을 인용하기 전에 출처를 밝히는 단순한 실천이 사회 전체의 신뢰를 만든다. AI가 인간의 언어와 이미지를 통해 성장한 만큼 인간은 그 결과를 책임 있게 사용해야 한다.

AI의 편리함은 인간의 권리를 존중하는 자세와 함께할 때 지속 가능하다. 프라이버시와 저작권 의식은 기술 시대의 새로운 시민 교양이다. 데이터를 다루는 태도는 곧 인간을 대하는 태도다. AI를 잘 쓴다는 것은 기술을 활용하는 능력뿐 아니라 타인의 권리를 존중하는 의식과 태도를 갖는 일이다.

AI 윤리 감수성

AI의 시대는 기술의 시대이기도 하지만 동시에 윤리의 시대다. 기술이 빠르게 발전할수록 인간이 잃어버릴 수 있는 것이 늘어난다. 효율과 편리함의 그림자 뒤에는 언제나 인간의 가치와 책임의 문제가 숨어 있다. 그래서 AI 시대의 교양은 기술을 아는 지식이 아니라 기술을 다루는 태도에서 출발한다. 이 태도를 결정짓는 힘이 바로 AI 윤리 감수성이다.

AI 윤리 감수성이란 기술이 인간과 사회에 미치는 영향을 스스로 성찰하는 능력이다. 그것은 규칙이나 법보다 한 걸음 앞선 감각이다. 법은 문제가 발생한 뒤 개입하지만 윤리 감수성은 문제가 생기기 전에 멈추게 한다. AI 윤리 감수성은 기술을 막기 위한 것이 아니라 기술이 인간을 해치지 않도록 방향을 제시하는 나침반이다.

AI는 이미 인간의 판단 영역에 깊숙이 들어와 있다. 병원의 진단, 은행의 신용 평가, 회사의 채용 과정, 학교의 평가 시스템 등 곳곳에서 AI가 '결정'의 일부를 담당한다. 하지만 AI는 선과 악을 구분하지 못한다. 데이터의 패턴을 따를 뿐이다. 만약 학습된 데이터 속에 편향이나 차별이 있다면 AI의 판단 역시 그 편견을 재현한다. 실제로 일부 자동 평가 시스템이 여성 지원자나 특정 인종을 불리하게 평가한 사례가 있었다. 이는 AI가 도덕적으로 잘못된 선택을 한 것이 아니라 인간이 도덕을 설계하지 않았기 때문이다.

AI 윤리 감수성은 '기계에게 도덕을 가르치는 일'이 아니라, '기계를 만든 인간의 책임을 되돌아보는 일'이다. 우리는 어떤 데이터를 학습시키고 어떤 목적을 위해 기술을 사용하는가를 끊임없이 물어야 한다. 감정 분석 AI가 고객 만족을 위해 개발되었다 하더라도 그것이 직원의 감정을 평가하거나 감시하는 수단으로 사용된다면 이는 윤리적 남용이다. 기술 그 자체보다 그 기술을 사용하는 인간의 의도가 중요하다.

AI와 관련된 윤리의 문제는 거창하지 않다. 그것은 일상의 선택 속에 숨어 있다. 학생이 리포트를 쓸 때 AI에게 전적으로 맡기는가 아니면 참고 자료로만 활용하는가. 회사가 인사 평가를 자동화할 때 그 과정이 공정한가. 뉴스 작성에 AI를 쓸 때 사실 검증 절차를 거치는가. 이런 작은 판단들이 모여 기술의 문화를 만든다. AI 윤리 감수성의 핵심은 '인간 중심의 기준을 잃지 않는 것'이다. 기술은 사람을 돕기 위해 존재해야지 사람을 평가하거나 감시하기 위해 존재해서는 안 된다. AI가 편리함을 주는 만큼 인간의 판단과 공감 능력을 약화시킬 수도 있다. AI가 사람의 감정을 흉내 낸다고 해서 그 감정이 진짜가 되는 것은 아니다. 공감은 여전히 인간의 고유한 능력이다.

AI 윤리 감수성은 인간의 자리를 확인하게 만든다. 기술이 인간의 일을 대신할 때 우리는 "무엇을 잃고 있는가?"를 스스로 물어야 한다. AI가 글을 쓰고 그림을 그릴 수 있지만 그것이 인간의 창의성을 대신하지는 않는다. 인간의 상상력과 감정과 책임감이 빠진 기술은 방향을 잃는다. 기술이 인간을 닮아갈수록 인간은 더 인간다워져야 한다. 그것이 AI 시대의 윤리다.

AI의 윤리를 단지 규제로만 볼 수는 없다. 법은 최소한의 장치이고 윤리 감수성은 스스로의 통제력이다. 합법하더라도 불편한 일이라면 멈추는 용기, 가능한 일이라도 바람직하지 않다면 하지 않는 판단, 그것이 윤리의 감각이다. 윤리 감수성은 '할 수 있다'와 '해도 되는가'를 구분하는 능력이다.

AI가 인간의 능력을 확장할수록 그만큼 인간의 책임도 커진다. 기술은 인간이 던진 질문에 따라 달라진다. 같은 도구라도 "이걸로 사람을 돕자"라고 생각하면 발전이 되고, "이걸로 통제하자"라고 생각하면 위협이 된다. AI의 방향은 스스로 정해지지 않는다. 그것을 결정하는 것은 언제나 인간의 윤리적 선택이다.

AI 윤리 감수성은 단지 도덕적 훈계가 아니라 미래를 지탱하는 생존의 기술이다. 기술의 속도보다 윤리의 속도가 느려지면 사회는 불안해진다. 반대로 윤리가 기술의 속도를 이길 때 인간은 더 안전하게 성장할 수 있다. 기술이 얼마나 똑똑하냐가 아니라 그 기술을 사용하는 인간이 얼마나 현명하냐가 중요한 기준이다.

AI 시대의 마지막 문해력은 이해나 활용이 아니라 판단이다. 윤리 감수성은 그 판단의 마지막 기준이다. 우리가 기술을 인간답게 사용할 수 있다면 그 이유는 언제나 인간 안에 윤리가 있기 때문이다. AI의 시대를 인간의 시대로 남길 수 있는 힘 그것이 바로 윤리 감수성이다.

AI 리터러시 점검

AI 시대의 교양은 새로운 기술을 배우는 능력이 아니라 기술을 통해 인간을 이해하는 능력이다. AI는 놀라운 속도로 발전하고 있지만 그 발전의 방향을 결정하는 것은 여전히 인간이다. 기계가 아무리 정교해도 생각하고 판단하고 책임지는 주체는 인간뿐이다. 따라서 지금 필요한 것은 더 많은 기능을 익히는 일이 아니라 기술을 인간답게 다루는 힘이다.

앞에 제시한 열 가지 AI 리터러시는 그 힘을 기르기 위한 기준이자 지도다. AI의 원리를 이해하고, 한계를 인식하며, 데이터를 읽고, 질문을 설계하고, 도구를 고르고, 결과를 해석하고, 협업하고, 정보를 검증하며, 권리를 지키고, 윤리를 세우는 과정은 곧 인간의 사고력을 확장하는 여정이다. 이 리터러시들은 기술을 사용하는 모든 순간의 판단 근거이며 AI를 통제할 수 있는 최소한의 지적 안전장치다.

이를 바탕으로 열 가지 항목을 'AI 활용 점검표'로 정리했다. 이 점검표는 단순한 체크리스트가 아니라 AI와 함께 성장하기 위한 실천 도구다. 한 항목씩 스스로 점검하며 "나는 기술의 원리를 이해하고 있는가?", "데이터의 출처를 의심하고 있는가?", "AI의 답을 검증하고 있는가?" 같은 질문을 던지는 순간 학습은 사고로 바뀌고 습관은 교양이 된다. 기술이 변할수록 이 점검표의 의미는 커진다. 변화에 적응하는 가장 좋은 방법은 원칙을 점검하며 배우는 것이다. AI 리터러시는 일회성 지식이 아니다. 그것은 평생 이어져야 할 지속적 학습의 체계다. 우리가 꾸준히 점검하고 갱신할 때 AI는 인산을 대신하는 기술이 아니라 인간을 확장시키는 파트너가 된다. AI의 발전 속도보다 빠른 것은 인간의 질문이다. 그 질문을 잃지 않는 한 우리는 기술의 시대에서도 인간의 시대를 지켜낼 수 있다.

이 표는 단순한 평가표가 아니라 앞으로 AI 시대를 살아갈 사람으로서 무엇을 더 배워야 하는가를 돌아보는 나침반이 된다. AI 리터러시는 기술의 언어로 세상을 읽되 인간의 언어로 다시 해석하는 능력이다. 그 능력이야말로 앞으로의 사회에서 가장 중요한 문해력이며 우리가 함께 배워야 할 미래의 교양이다.

40점 이상이면 AI를 일상 속에서 잘 이해하고 활용할 수 있는 수준, 25~39점이면 기본적 이해는 있으나 실천력이 부족한 상태, 24점 이하이면 AI의 작동 원리와 위험성부터 차근히 학습할 필요가 있다.

AI 리터러시

구분	항목	핵심	점검 질문	점수 (0~5)
I. 이해의 힘	① AI의 작동 원리 이해하기	AI는 생각하지 않고, 데이터를 계산해 패턴을 예측하는 도구임을 이해	− AI가 데이터를 기반으로 작동함을 알고 있는가? − AI의 답이 '확률적 결과'임을 이해하는가?	
	② AI의 한계 인식하기	AI는 스스로 판단하지 못하며, 편향과 오류를 반복할 수 있음을 인식	− AI가 모를 때도 답을 만든다는 사실을 알고 있는가? − AI의 판단이 완벽하지 않음을 인식하는가?	
	③ 데이터 감각 갖기	데이터의 출처와 편향, 누락을 읽어내는 비판적 감각	− AI의 정보가 어디서 왔는지 확인하는가? − 데이터에 빠진 시각이 없는지 살펴보는가?	
II. 활용의 힘	④ 프롬프트 설계 능력	명확하고 구체적인 질문을 통해 원하는 결과를 도출	− AI에게 요청할 때 목적과 형식을 구체적으로 말하는가? − 원하는 결과를 얻기 위해 질문을 수정해보는가?	
	⑤ 적절한 도구 선택	목적에 따라 가장 적합한 AI 도구를 식별	− 상황에 맞는 AI 도구를 식별 할 수 있는가? − 보안·데이터 갱신 여부를 고려하는가?	
	⑥ 결과 해석과 수정 능력	AI의 결과를 초안으로 보고, 인간의 판단으로 보완	− AI의 결과를 그대로 사용하지 않고 검토하는가? − 오류나 맥락의 부족을 직접 수정하는가?	
	⑦ 협업 감각	AI를 조력자로 두고 인간의 창의와 판단으로 완성	− AI에게 맡길 일과 내가 직접 할 일을 구분하는가? − AI의 결과를 팀워크의 일부로 활용하는가?	

구분	항목	핵심	점검 질문	점수 (0~5)
Ⅲ. 판단의 힘	⑧ 정보 진위 판단	AI가 제시한 정보의 근거를 확인하고 교차 검증	− AI의 정보 출처를 직접 확 인하는가? − 다른 대안과 비교해 검증 하는가?	
	⑨ 프라이버시 와 저작권 의식	타인의 데이터와 창작권을 보호하 고, 입력 정보에 책 임을 짐	− AI에 타인의 정보를 함부로 입력하지 않는가? − 생성된 결과물의 출처를 밝히는가?	
	⑩ AI 윤리 감수성	기술의 효율보다 인 간의 가치와 존엄을 우선하는 사고	− AI를 사용할 때 윤리적 영 향을 고려하는가? − "할 수 있다" 보다 "해도 되는가"를 먼저 묻는가?	

주목 받는 생성형 AI

이제까지 언급한 바와 같이 AI 생태계는 피지컬 AI를 향하여 진화하고 있다. 하지만 생성형 AI는 피지컬 AI와 따로 떼어 생각할 수 없는 중요한 분야이다. 생성형 AI는 피지컬 AI의 지능적인 '두뇌'이자 '인지 능력' 역할을 한다. 피지컬 AI가 현실 세계에서 단순 동작을 넘어 자율적인 행동을 할 수 있도록 가장 핵심적인 지적 능력을 제공한다.

생성형 AI는 단순한 기술이 아니라 인간과 AI가 만나는 첫 번째 접점이다. 지각형 AI가 데이터를 보고 듣고 감지한다면 생성형 AI는 그것을 언어와 이미지로 해석하고 표현한다. 에이전트 AI와 피지컬 AI가 등장하더라도 결국 인간과의 소통 창구는 생성형 AI의 언어적 인터페이스를 거친다. 그래서 생성형 AI를 이해하는 일은 모든 AI 기술을 이해하는 관문이 된다.

우리나라는 GPU 26만장 확보로 AI 선도 강국으로 나아가려 하고 있다. AI 생태계를 확보하고 피지컬 AI로 확장하려는 지금도 생성형 AI의 중요성은 더욱 커지고 있다. 세 가지 이유는 다음과 같다. 첫째, 생성형 AI는 모든 AI의 두뇌이다. 모든 AI는 의사결정과 지시 해석 과정에서 언어모델을 중심으로 작동한다. 둘째, AI 활용의 민주화는 생성형 AI에서 시작된다. 일반인은 로봇이나 자율시스템보다 생성형 AI를 통해 AI를 학습하고 활용한다. 생성형 AI는 사회 전체의 AI 문해력을 높이는 교두보다. 셋째, 기술 중심의 혁신보다 사고 중심의 혁신이 앞으로 더 중요해질 것이다. 피지컬 AI가 현실을 움직이는 동안 생성형 AI는 인간이 생각과 상상을 확장하도록 도와준다.

결론적으로 생성형 AI는 미래 AI의 언어이자 운영체제다. 산업이 피지컬 AI로 이동해도 그 지시와 설계는 생성형 AI를 통해 표현된다. 이 기술을 깊이 이해하고 활용해야 다

가오는 피지컬 AI 시대에도 주체로 자리할 수 있다. AI를 잘
쓰고 함께 사고할 줄 아는 사람이 되는 길의 시작점이 생성
형 AI이다.

AI의 여정은 인간이 자신을 스스로 이해하려는 오랜 시도의 또 다른 이름이다. 이 책은 그 여정을 따라 역사, 현재, 미래, 그리고 개념과 리터러시의 흐름 속에서 인간과 기술의 관계를 다시 바라보았다.

우리는 먼저 인간의 호기심에서 시작된 AI의 역사적 출발점을 확인했다. 계산기와 논리 기계의 시대를 지나 인간의 사고를 수학으로 재현하려는 시도가 AI의 첫 장을 열었다. 그 뒤로 AI는 산업과 과학을 넘어 일상의 구조로 스며들었다. 스마트폰의 추천 알고리즘, 자율주행차, 번역기, 생성형 AI의 대화까지 - 오늘의 AI는 이미 공기처럼 우리의 사고와 선택에 영향을 미친다.

미래의 AI는 더 이상 단일한 기술이 아니다. 그것은 인간의 창조, 판단, 감정, 협력의 영역을 동시에 확장하는 복합 생태계다. 인간이 스스로 만든 지능이 이제 인간의 언어와 감각을 다시 설계하기 시작했다. 그 과정에서 우리는 '네 가지 AI 유형'을 통해 지능의 지도를 그려보았다. 인식하는 AI, 판단하는 AI, 창조하는 AI, 그리고 물리적으로 세계에 작용하는 AI가 서로 얽혀 새로운 형태의 지능 환경을 만든다. 이 생태계는 단순히 더 똑똑한 기계를 만드는 경쟁이 아니라 '어떤 지능이 인간에게 유익한가'라는 질문을 던진다.

이 질문은 지금 우리가 직면한 현실과도 맞닿아 있다. 최근 우리나라는 세계적으로 주목받는 AI 인프라 도약을 선언하며 26만 장 규모의 AI GPU 확보 계획을 밝혔다. 이는 단순한 기반 확충이 아니라 지식 주권의 문제이다. AI의 성능은 데이터를 처리하고 학습하는 하드웨어의 힘에서 니온다. 하지만 그 힘이 곧 지혜를 의미하지는 않는다. 연산이 많아질수록 질문은 더 깊어져야 한다.

AI 리터러시는 바로 이 지점에서 중요해진다. 그것은 단순히 AI를 사용하는 능력이 아니라 AI를 이해하고 판단하는 인간의 감각이다. 기술의 크기를 논하기 전에 인간의 시야를 점검해야 한다. AI 리터러시는 지식이 아니라 태도이며 데이터의 바다 속에서 방향을 잃지 않게 해주는 나침반이다.

　AI는 우리가 어떤 데이터를 입력하느냐에 따라, 어떤 사회를 상상하느냐에 따라 다른 결과를 낸다. AI 시대의 교양은 그래서 윤리적 상상력이다. 기술을 맹신하지 않으면서도 두려움에 갇히지 않는 균형의 감각이 필요하다. 그것이 진정한 의미의 리터러시다.

　AI가 인간을 대체하는 시대가 아니라 인간이 AI와 함께 성장하는 시대가 오고 있다. 인간은 여전히 질문을 던지고, 의미를 만들며, 기술의 방향을 선택하는 존재다. AI는 인간의 한계를 넘어서는 도구이지만 동시에 인간의 책임을 시험하는 거울이기도 하다.

　이 책 말미의 리터러시 점검표는 그 지혜를 훈련하기 위한 작은 실천의 장이다. 완벽한 지식을 갖추는 것이 아니라 끊임없이 점검하고 갱신하는 학습의 습관이 중요하다. 오늘의 이해가 내일은 낡은 지식이 될 수 있기에 우리는 기술보다 느리게 생각하면서도 더 깊이 성찰해야 한다.

　『지식총서 598 생성형 AI』에서는 우리 삶과 가장 직접적으로 맞닿은 생성형 AI를 다룰 예정이다. 그것은 단순한 콘텐츠 제작 도구가 아니라 인간의 표현과 사고를 확장시키는 새로운 언어다. 생성형 AI는 이제 창작의 동반자이자 사유의 실험실이 되었다. 그러나 그 언어를 올바로 다루기 위해서는 기술적 이해뿐 아니라 인간적 통찰이 필요하다.

앞으로도 AI는 진보의 속도를 높이겠지만 리터러시는 그 속도 속에서도 인간의 의미를 잃지 않게 하는 제동장치다. 기술이 거세지는 만큼 사유는 깊어져야 한다. 이 첫 권이 그 사유의 출발점이 되었기를 바란다. AI의 여정은 결국 인간의 여정이다. 우리는 AI를 통해 더 나은 기술을 배우는 것이 아니라 더 깊은 인간으로 성장하는 길을 배우고 있는 중이다.

참고 문헌 및 추천 도서

1. 하정우 지음, 『AI 전쟁 2.0』, 한빛비즈, 2025.

2. 김대수·김경동 지음, 『처음 만나는 인공지능』, 생능출판, 2023.

3. 조성수 지음, 『AI 2025 활용 백과 with 샘 올트먼』, 광문각출판미디어, 2024.

4. 박상길 지음, 정진호 그림, 『만화 비전공자도 이해할 수 있는 AI 지식』, 비즈니스북스, 2024.

5. Ai100연구소 지음, 『2025 AI 트렌드 100』, 골든래빗, 2025.

6. 박태웅 지음, 『박태웅의 AI 강의 2025』, 한빛비즈, 2024.

7. 김용성 지음, 『AI 리터러시: 인공지능 필수 지식부터 완벽 활용까지』, 프리렉, 2024.

8. 김덕진 지음, 『AI 2024 트렌드 & 활용 백과』, 스마트북스, 2023.

9. 유재흥 지음, 『AI와 위험 사회』, 커뮤니케이션북스, 2025.

10. 송경희 지음, 『AI 혁명: AI 신인류를 위한 길라잡이』, 미디치미디어, 2025.

11. Eugene Charniak, AI & I: An Intellectual History of Artificial Intelligence, MIT Press, 2024.

12. Yuval Noah Harari, Nexus: A Brief History of Information Networks from the Stone Age to AI, Random House, 2024.

13. Arvind Narayanan & Sayash Kapoor, AI Snake Oil: What Artificial Intelligence Can Do, What It Can't, and How to Tell the Difference, Princeton University Press, 2024.

14. Ethan Mollick, Co-Intelligence: Living and Working with AI, Portfolio, 2024.

프랑스엔 〈크세주〉, 일본엔 〈이와나미 문고〉, 한국에는 〈살림지식총서〉가 있습니다.

📱 전자책 | 🔍 큰글자 | 🔊 오디오북

AI와 함께 살기

– 알고리즘 시대를 건너는 가장 다정한 안내서

펴낸날	초판 1쇄 2026년 3월 16일

지은이	이운성·박영순
기획·편집	박영순
펴낸이	심만수
펴낸곳	(주)살림출판사
출판등록	1989년 11월 1일 제9-210호

주소	경기도 파주시 광인사길 30
전화	031-955-1350 팩스 031-624-1356
홈페이지	http://www.sallimbooks.com
이메일	book@sallimbooks.com

ISBN	978-89-522-4982-1 04080
	978-89-522-0096-9 04080 (세트)

126 초끈이론 아인슈타인의 꿈을 찾아서

eBook

박재모(포항공대 물리학과 교수) · 현승준(연세대 물리학과 교수)

빠르게 발전하고 있는 초끈이론을 일반대중이 이해할 수 있도록 쉽게 풀어쓴 책. 중력을 성공적으로 양자화하고 모든 종류의 입자와 그들 간의 상호작용을 포함하는 모형으로 각광받고 있는 초끈이론을 설명한다. 초끈이론을 이해하기 위해 필요한 양자역학이나 일반상대론 등 현대물리학의 제 분야에 대해서도 알기 쉽게 소개한다.

125 나노 미시세계가 거시세계를 바꾼다

eBook

이영희(성균관대 물리학과 교수)

박테리아 크기의 1000분의 1에 해당하는 크기인 '나노'가 인간 세계를 어떻게 바꿔 놓을 것인지에 대한 해답을 제시하는 책. 나노기술이란 무엇이고 나노크기의 재료들은 어떻게 만들어지는가, 나노크기의 재료들을 어떻게 조작해 새로운 기술들을 이끌어내는가, 조작을 통해 어떤 기술들을 실현하는가를 다양한 예를 통해 소개한다.

448 파이온에서 힉스 입자까지

eBook

이강영(경상대 물리교육과 교수)

누구나 한번쯤 '우주는 어디에서 시작됐을까?' '물질의 근본은 어디일까?'와 같은 의문을 품어본 적은 있을 것이다. 물질과 에너지의 궁극적 본질에 다가서면 다가설수록 우주의 근원을 이해하는 일도 쉬워진다고 한다. 이 책은 바로 이러한 질문들의 해답을 찾기 위해 애쓰는 물리학자들의 긴 여정을 담고 있다.

035 법의학의 세계

eBook

이윤성(서울대 법의학과 교수)

최근 드라마나 영화를 통해 일반인의 호기심을 자극하고 있지만 거의 알려지지 않은 법의학을 소개한 책. 법의학의 여러 분야에 대한 소개, 부검의 필요성과 절차, 사망의 원인과 종류, 사망시각 추정과 신원확인, 교통사고와 질식사 그리고 익사와 관련된 흥미로운 사건들을 통해 법의학에 대한 이해를 돕는다.

395 적정기술이란 무엇인가　　eBook

김정태(적정기술재단 사무국장)

적정기술은 빈곤과 질병으로부터 싸우고 있는 전 세계의 사람들에게 희망을 안겨주는 따뜻한 기술이다. 이 책에서는 적정기술이 탄생하게 된 배경과 함께 적정기술의 역사, 정의, 개척자들을 소개함으로써 적정기술에 대한기본적인 이해를 돕고 있다. 소외된 90%를 위한기술을 통해 독자들은 세상을 바꾸는 작지만 강한 힘이란 무엇인가에 대해서 알 수 있을 것이다.

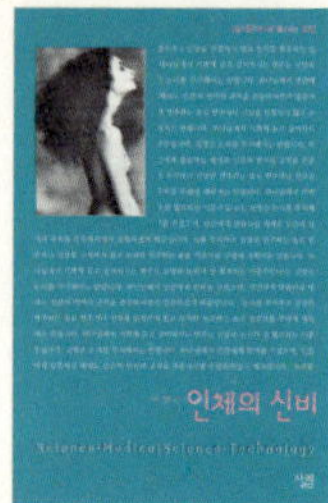

022 인체의 신비

이성주(코리아메디케어 대표)

내 자신이었으면서도 여전히 낯설었던 몸에 대한 지식을 문학, 사회학, 예술사, 철학 등을 접목시켜 이야기해 주는 책. 몸과 마음의 신비, 배에서 나는 '꼬르륵' 소리의 비밀, '키스'가 건강에 이로운 이유, 인간은 왜 언제든 '사랑'할 수 있는가에 대한 여러 학설 등 일상에서 일어나는 수수께끼를 명쾌하게 풀어 준다.

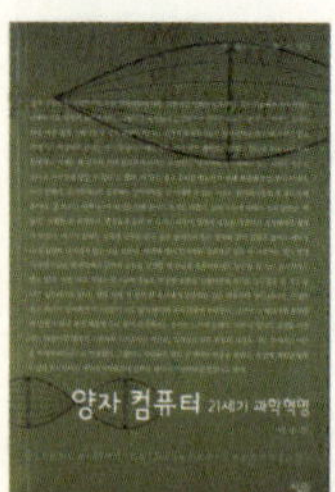

036 양자 컴퓨터　　eBook

이순칠(한국과학기술원 물리학과 교수)

21세기 인류 문명에서 가장 중요한 요소 중의 하나로 꼽히는 양자 컴퓨터의 과학적 원리와 그 응용의 효과를 소개한 책. 물리학과 전산학 등 다양한 학문적 성과의 총합인 양자 컴퓨터에 대한 이해를 통해 미래사회의 발전상을 가늠하게 해준다. 저자는 어려운 전문용어가 아니라 일반 대중도 이해가 가능하도록 양자학을 쉽게 설명하고 있다.

214 미생물의 세계　　eBook

이재열(경북대 생명공학부 교수)

미생물의 종류 및 미생물과 관련하여 우리 생활에서 마주칠 수 있는 여러 현상들에 대해, 알기 쉽게 풀어 설명한다. 책을 읽어나가며 독자들은 미생물들이 나름대로 형성한 그들의 세계가 인간의 그것과 다름이 없음을, 미생물도 결국은 생물이고 우리와 공생하고 있다는 사실을 알 수 있을 것이다.

375 레이첼 카슨과 침묵의 봄 `eBook`

김재호(소프트웨어 연구원)

『침묵의 봄』은 100명의 세계적 석학이 뽑은 '20세기를 움직인 10권의 책' 중 4위를 차지했다. 그 책의 저자인 레이첼 카슨 역시 「타임」이 뽑은 '20세기 중요인물 100명' 중 한 명이다. 과학적 분석력과 인문학적 감수성을 융합하여 20세기 후반 환경운동에 절대적 영향을 준 레이첼 카슨과 『침묵의 봄』에 대한 짧지만 알찬 안내서.

277 사상의학 바로 알기 `eBook`

장동민(하늘땅한의원 원장)

이 책은 사상의학이라는 단어는 알고 있지만 심리테스트 정도의 흥밋거리로 알고 있는 사람들에게 바른 상식을 알려 준다. 또한 한의학이나 사상의학을 전공하고픈 학생들의 공부에 기초적인 도움을 준다. 사상의학의 탄생과 역사에서부터 실생활에서 적용할 수 있는 간단한 사상의학의 방법들을 소개한다.

356 기술의 역사 뗀석기에서 유전자 재조합까지

송성수(부산대학교 기초교육원 교수)

우리는 기술을 단순히 사물의 단계에서 생각하기 쉽다. 하지만 기술에는 인간의 삶과 사회의 배경이 녹아들어 있다. 기술의 역사를 통해 우리는 기술과 문화, 기술과 인간의 삶을 연결시켜 생각할 수 있게 될 것이다. 이 책을 읽은 후 주변에 있는 기술을 다시 보게 되면, 그 기술이 뭔가 다른 느낌으로 다가올 것이다.

319 DNA분석과 과학수사 `eBook`

박기원(국립과학수사연구소 연구관)

범죄수사에서 유전자분석에 대한 관심이 커지고 있지만 간단하게 참고할 만한 책은 거의 없는 실정이다. 이 책은 적은 분량이지만 가능한 모든 분야와 최근의 동향을 소개하고 있다. 특히, 내용의 이해를 돕기 위하여 서래마을 영아유기사건이나 대구지하철 참사 신원조회 등 실제 사건의 감정 사례를 소개하는 데도 많은 비중을 두었다.

eBook 표시가 되어있는 도서는 전자책으로 구매가 가능합니다.

(주)살림출판사
www.sallimbooks.com
주소 경기도 파주시 문발동 522-1 | 전화 031-955-1350 | 팩스 031-955-1355